O Segredo de Acertar no Alvo

JACKSON S. MORISAWA

em associação com a
ESCOLA CHOZEN-JI DE KYUDO

O Segredo de Acertar no Alvo

Uma consciência que se preocupa tão-somente com a exterioridade nunca compreenderá o segredo que se oculta sob o alvo. Mato [alvo] será sempre, e para toda a eternidade, um pedaço de papel, um receptáculo de flechas sem vida.

Tradução
RUBENS RUSCHE

EDITORA PENSAMENTO
São Paulo

Título do original:
The Secret of the Target

Copyright © 1984 by Chozen-Ji/International Zen Dojo.

Primeira edição publicada por Arkana Books.
Edição publicada mediante acordo com Penguin Books Ltd,
Hamondsworth, Middlesex, England.

Edição
1-2-3-4-5-6-7-8-9-10

Ano
92-93-94-95-96-97

Direitos de tradução para a língua portuguesa
adquiridos com exclusividade pela
EDITORA PENSAMENTO LTDA.
Rua Dr. Mário Vicente, 374 - 04270 - São Paulo, SP - Fone: 272-1399
que se reserva a propriedade literária desta tradução.

Impresso em nossas oficinas gráficas.

Sumário

O Cânon da Chozen-Ji	8
Prefácio	13
Introdução	16
A Escola Chozen-Ji de Kyudo	18
Kyudo – Níveis de treinamento	28
O Zen e o Comportamento da Respiração	34
Kata e Waza (Estilo e técnica)	38
Reigi Saho	58
Ilustrações e Diagramas (Kata–Waza)	63
Kiai (Energia espiritual)	112
Mikomi – A Mira	115
Hojo e Kyudo	118
Hara (Fontes de energia intrínseca)	121
Shodo – O Caminho da escrita (pincel)	127
Zazen (Meditação)	130
Dojo de Kyudo	138
Yumi – O Arco Resistente	142
Ya (Flecha)	146
Yugake (Luva)	147
Mato (Alvo)	148
Makiwara	149
Ilustrações (Equipamento – preparativos)	151
Glossário	157
Pós-Escrito e Agradecimentos	164
Zen	166
Texto Suplementar	167

Escola Chozen-Ji de Kyudo

"Ingresse nela, não para aprender como fazê-la e, com isso, obter alguma distinção; participe dela espiritualmente, através do desenvolvimento do caráter e do auto-domínio."*

---

* Kyudo.

Chozen-Ji / Cânon Dojo Zen Internacional

O *Zen* é uma disciplina psicofísica para transcender a vida e a morte (*todo dualismo*) e compreender, profundamente, que o universo inteiro é o "Verdadeiro Corpo Humano". Não há mais nada a não ser essa compreensão real, que Miyamoto Musashi chamou de *Iwao no mi* (*corpo de um enorme bloco errático – um enorme bloco errático atravessando a vida*) e Yagyu Sekishusai de *Marubashi mo michi* (*ponte curva – para atender às incontáveis mudanças da vida*).

Acreditamos que o *Zen*, sem uma compreensão do corpo, nada mais é senão discussão inútil. Os Caminhos Marciais, destituídos da compreensão da mente, são um comportamento "bestial".

Estudantes, esforcemo-nos com diligência! Cavalheiros dos Centros Rinzai no Japão, atentem para isso e, como uma seta, enviemos esta mensagem ao mundo.

Arcebispo Omori Sogen Rotaishi,
datado de 1 de outubro de 1979

Sua Santidade OMORI SOGEN ROTAISHI Kancho Geika (Arcebispo Emérito)
Daihonzan, Chozen-Ji

O Reverendíssimo TANOUYE TENSHIN ROTAISHI Kancho (Arcebispo)
Daihonzan, Chozen-Ji

O Reverendíssimo HOSOKAWA DOGEN ROSHI Shike (Abade)
Daihonzan, Chozen-Ji

Chozen-Ji / Dojo Zen Internacional foi fundado em 3 de agosto de 1972 por Omori Sogen Rotaishi. Ele é o sucessor Direto do *Dharma* da linhagem Tenryu-Ji da *Escola Zen Rinzai*. Tanouye Tenshin Rotaishi é o sucessor do *Dharma* de Omori Sogen Rotaishi. Ele é *Kancho*, o líder espiritual de toda a organização. Hosokawa Dogen Roshi, na função de *Shike*, encarrega-se de Chozen-Ji Sodo (mosteiro).

Chozen-Ji localiza-se no tranqüilo vale Kalihi, em Oahu, Havaí. O ambiente é muito propício para o treinamento *Zen* e para suas atividades. O Havaí é *Daihonzan* (a sede); os *Dojo* filiados localizam-se em Los Angeles, San Francisco, Chicago, Nova York e Argentina.

Prefácio

Zen

A ESCOLA CHOZEN-JI DE KYUDO foi fundada como um requisito básico para o método de treinamento *Zen Rinzai*. *Kyudo* é uma das inúmeras artes *Dō* utilizadas como meio de penetrar na esfera da consciência *Zen*.

O *Tao* (*Dō-o Caminho*), a filosofia dos antigos chineses, tal como o Lao Tsu, é a origem do *Zen*. A filosofia subjacente a esse modo de vida autêntico é o farol-guia que ilumina o "Caminho" que conduz o espírito humano à realização suprema. Ela estabelece certos princípios tais como a humildade, a bondade, a naturalidade e a despretensão.

As artes que se sujeitam a *Dō*, tais como *Kyudo* e *Chado* (o *Caminho da cerimônia do chá*), expressam o "homem interior" ou a manifestação da nossa alma mediante a compreensão do corpo e da mente. A disciplina não é facilmente compreendida por quem estiver pouco familiarizado com a cultura japonesa. Esse é o motivo pelo qual os estrangeiros, bem como muitos japoneses do mundo moderno, são levados a considerar tais disciplinas apenas como ações habilidosas que constituem uma arte de natureza meramente física. Não se pode entender *Dō* sem compreender o significado dos princípios estéticos japoneses de *sabi, wabi* e *kan*. Estas palavras não possuem nenhuma definição específica equivalente na língua portuguesa. Como traduções literais temos: *sabi* (*rusticidade*), *wabi* (*simplicidade, frugalidade*), *kan* (*intuição*); entretanto, essas definições são bastante inadequadas.

Não é de admirar, assim, que as artes *Dō*, tais como *Budo* (*Caminhos Marciais*), são hoje praticadas dando uma importância essencial à natureza física das posturas e das técnicas voltadas para os esportes semimarciais. Infelizmente, elas não consideram importante compreender a essência de *Dō*.

Não se participa de uma arte *Dō* para aprender como fazê-la e obter, com isso, alguma distinção; deve-se, isso sim, participar dela espiritualmente, através do desenvolvimento do caráter, do equilíbrio e do autodomínio.

Os métodos *Dō* estão indissoluvelmente vinculados ao *Zen*. Eles são o meio pelo qual o *Zen* é mantido em contato com a vida cotidiana. Ao mesmo tempo, atuam tão-somente enquanto veículos pelos quais a pessoa pode alcançar a iluminação espiritual que culmina na autoperfeição. No *Zen*, o pior obstáculo para a autoperfeição é a autodecepção proveniente do nosso próprio engano. *Dō* evita isso.

Kyudo, em Chozen-Ji, é a forma pela qual se unem o aspecto espiritual e mental (*Seishin Teki*) com a realidade concreta e palpável (*Gutai Teki*) da vida cotidiana na nossa busca do desenvolvimento espiritual.

Kyudo, em sua essência, é o "Caminho do arco" e, como tal, nos propicia um meio de alcançar um grau de concentração para criarmos um estilo que expresse a perfeita serenidade mental. A flecha que penetra nesse estado não é a flecha em si, mas uma "flecha viva" que é o espírito de *Kyudoka*. Chama-se a isso de um "tiro certeiro" e é prova de uma disciplina bem-sucedida no sentido de encontrar o eu natural e original, e a ele retornar.

Kyudo é, portanto, um "Modo de vida", jamais um esporte. É o caminho que leva à descoberta de um alvo sem alvo e de um arco não-retesado. Para trilhar o Caminho, deve-se voltar os olhos para dentro, em busca da própria alma, e transcender toda preocupação exterior no que se refere a acertar o alvo. Quando o crescimento espiritual nos permitir "disparar sem disparar", o caráter se unirá harmoniosamente à vida. A Ignorância e os Afetos diluíram-se nas faculdades naturais que atuam numa consciência livre de pensamentos, reflexões ou afeições de qualquer espécie. Nesse estado, *Mushin* prevalece e todos os cálculos intelectuais cessam; então, o "estado-de-não-mente" é alcançado, simbolizado por um círculo vazio de conteúdos (*ilusões*), um círculo sem nenhuma circunferência. Temos agora um controle total sobre nós mesmos, pois retornamos ao eu original onde as ações são naturais e não calculadas, originando-se de nossos corações. Essa naturalidade é "a mente cotidiana", que nada mais é do que "comer quando se tem fome", "dormir quando se está cansado", e quando a nossa virtude não conhece nenhuma bondade. Estamos em harmonia com o universo.

Introdução

Dō

Na América dos nossos dias, encontram-se segmentos de *Dojo* cujos membros aspiram a uma melhor compreensão do processo de *Kyudo* e ao Caminho da auto-realização. Sua dificuldade está na escassez de informação qualificada e de instrutores que os prepare e os oriente no Zen e em *Kyudo*. Dedicamos este livro a eles.

Há um único livro, traduzido para o inglês, que acata a essência de *Kyudo* no Zen. *Zen and the Art of Archery*, de Eugen Herrigel,* é um livro excelente e apreende a verdadeira filosofia de *Kyudo*. Ele se torna uma leitura indispensável a todos os que aspiram a *Kyudo*. Contudo, trata-se apenas de uma referência à experiência do professor Herrigel no treinamento de *Kyudo* no Japão.

Este livro não foi escrito com o propósito de ensinar o estilo e a técnica dos Arqueiros japoneses ou de como manejar o arco e a flecha. Ele é um guia para a arte *Dō* e, como tal, trata-se de um manual instrutivo que conduz ao Caminho da realização espiritual mediante certos métodos de treinamento e de disciplinas que culminam no desenvolvimento do caráter e do autodomínio. Um livro, porém, é apenas um livro... Ele só se torna eficaz quando se experimenta o seu conteúdo. Isso pode ser feito apenas mediante a nossa determinação, diligência e disciplina no sentido de aderir à filosofia e à orientação do livro. No preceito *Zen*, o treinamento espiritual é um esforço individualista, e precisamos incutir em nós mesmos uma espécie de disciplina de treinamento que seja repetitiva, inovadora e atenta. Não

---

* Existe uma tradução portuguesa sob o título *A arte cavalheiresca do arqueiro Zen*, Editora Pensamento, São Paulo (N. do T.).

se consegue atingir a verdadeira autoconfiança se ela não for desenvolvida por intermédio da nossa própria e árdua atividade. Por conseguinte, um instrutor pode apenas orientar; a verdadeira satisfação, porém, dependerá do nosso próprio esforço interior.

O texto deste livro foi redigido tendo como referência vários compêndios sobre *Zen* e *Kyudo* que encerram a filosofia de Chozen-Ji / Dojo Zen Internacional e de Tanouye Tenshin Rotaishi. Muitos anos de experiência com o *Zen* e o processo de *Kyudo* também contribuíram para a sua elaboração.

As principais fontes de referência são o *Sanzen Nyumon* de Omori Rotaishi, Arcebispo Emérito de Chozen-Ji, e os artigos escritos por Suhara Koun, sacerdote *Zen* de Engaku-Ji e mestre de *Kyudo* de Dojo Enma, em Kamakura, Japão. Suhara Sensei tem colaborado para o desenvolvimento da Escola Chozen-Ji de Kyudo.

Chozen-Ji Ryu Kyudo (Escola Chozen-Ji de Kyudo)
Objetivo, Filosofia e Conduta

A Escola Chozen-Ji de Kyudo ensina *Mushado* que, literalmente, significa "o Modo de não disparar". Trata-se da compreensão espiritual do "Caminho do arco".

Empunhar o arco e a flecha encerra uma conotação de disparar. No ato de retesar o arco e mirar o alvo, há uma consciência do ato de disparar. Arremessar a flecha em direção ao alvo é disparar. Parece que, em *Kyudo*, não há meio de se evitar a consciência do disparo.

Quando a maturidade espiritual é alcançada, mediante um treinamento diligente em *Kyudo*, penetra-se no *Zen*. Nesse estado de tornar-se "um com ele", ocorre uma revelação espantosa... "disparar sem disparar" torna-se claro e, quando "ele" dispara por você, a consciência do disparo não mais existe. O segredo do alvo é revelado.

Shugyo é o objetivo de *Kyudo* em Chozen-Ji... abandonar o emaranhado de hábitos que se acumularam desde o nascimento e retornar ao eu original (*natureza de Buda*). Quando o sol desponta através das nuvens e o arco-íris revela seu maravilhoso arco, há uma harmoniosa fusão com a vida.

Omori Sogen Rotaishi deixa seu legado à Escola Chozen-Ji de Kyudo com seu *Shodo*. Essas profundas declarações orientam o treinamento em *Kyudo*.

Shugyo

1. (一射絶命) ISSHA ZETSUMEI [*um disparo (uma flecha) e expire – não há uma segunda chance na vida*] escrito acima da entrada de *Kyudo Dojo*.

Buda disse: "A vida humana é apenas um intervalo..." Cada flecha é derradeira e decisiva, assim como cada momento é o último. Deve-se "Morrer a grande morte" antes

que se possa nascer de novo e retornar ao eu original. Morrer significa abandonar todas as auto-ilusões e o ego, libertar-se do dualismo e tornar-se um com o universo. Em *Kyudo*, você deve incutir em si mesmo uma profunda sinceridade ao disparar cada flecha, retesar o arco com determinação, a ponto de perguntar a você mesmo quem se romperá primeiro, se o seu braço ou o arco, e disparar com a máxima força de vontade, como se a sua vida dependesse disso.

Você deve abandonar toda preocupação exterior em relação ao disparo e voltar os olhos para dentro de você, a fim de ver a si mesmo. Na prática de *Kyudo*, é preciso adotar essa atitude de determinação e perseverança, ou então você nunca será capaz de assumir a conduta de um ser humano. O estudante de *Kyudo* deve, portanto, adiantar-se destemidamente e levar o arco ao seu limite.

2. (百錬自得) *HYAKUREN JITOKU (milhares de repetições, e do nosso eu verdadeiro emerge a perfeição)* escrito na plataforma de *Makiwara*.

Kan

Miyamoto Musashi escreveu que treinar mil vezes é *Tan*. Treinar dez mil vezes chama-se *Ren*. *Tan Ren* significa disciplina extraordinária.

A fabricação de um boa espada requer repetidos aquecimentos, várias marteladas e afiações, e isso exige uma extraordinária disciplina, num estado de ordem e controle. Se você incutir esse tipo de disciplina no treinamento repetitivo, inovador e atento de *Kyudo*, poderá experimentar a satisfação do seu próprio esforço em você mesmo. Tudo aquilo que adquirir, mas que seja exterior a você, não lhe pertencerá. Você nunca alcançará a compreensão da sua verdadeira autoconfiança se ela não for criada graças ao seu próprio e diligente esforço. Você deve treinar dentro dos limites da sua própria capacidade e, repetidamente, dar tudo de si.

3. (観) *KAN (ver as coisas com exatidão... percepção correta)* escrito acima do altar de *Kyudo*. Omori Rotaishi, em *Sanzen Nyumon*, define *Kan* como a percepção do mundo a partir do ponto de vista de uma mente totalmente concentrada. "Quando percebemos a partir do ponto de vista de *Kan*, compreendemos, pela primeira vez, que o modo sensível de observar o mundo, antes de entrar no *Samadhi (um estado mental total e concentrado que estabiliza nossos pensamentos e imaginações confusos e agitados)*, consiste tão-somente em perceber as coisas fatuais

de modo inverso ou através de pensamentos ilusórios de 'cabeça para baixo'. Quando percebemos através do *Samadhi*, nos tornamos um com o objeto, ou seja, aquele que percebe torna-se o objeto percebido, sem dualidade e relatividade. Isso significa dar vida à coisa percebida dedicando-nos inteiramente a ela."

"De certo modo, *Kan* é a negação do ponto de vista anterior ao *Samadhi* e o re-reconhecimento do mundo a partir do ponto de vista do nosso 'despertar'. A luz que opera e ilumina o mundo quando o percebemos desde o ponto de vista do *Samadhi* é chamada *'E'* (*sabedoria*), que significa o ato de perceber as coisas deste mundo claramente, como elas de fato são. Um estado mental concentrado faz nascer, necessariamente, a verdadeira percepção, e a sabedoria baseia-se, necessariamente, nessa mente concentrada. Caso contrário, a percepção, embora clara, nada mais é senão o conhecimento mundano e o conhecimento que provém da discriminação unilateral."
Em *Kyudo*, você nunca deve apontar para o alvo com ansiedade. Isso significa uma visão "pequena". Tampouco deve se restringir a procurar pulgas numa área limitada; deve, isso sim, observar todas as coisas através de um olho perceptivo e adotar uma perspectiva mais ampla a respeito de tudo. É preciso usar *Kokoro* (*coração*) como mestre e, por intermédio do arco, olhar para dentro do seu próprio coração com olhos puros e verdadeiros. Calmamente, perceba sua respiração... atentamente, observe sua postura... tranqüilamente, fite o "alvo" (*Higan-equinócio*)... elimine o alvo e "veja" seu eu verdadeiro. "Com a força das minhas costas, gostaria de estirar o tipo de arco capaz de trespassar todo o esplendor do arco-íris." Retesar um grande arco significa tornar-se um com o arco e dedicar-se inteiramente a ele. Isso significa dar vida à flecha que penetra no alvo. Esse é o espírito de *Kyudoka*. A percepção através da sabedoria inabalável torna-se clara para nos descobrirmos de novo.

4. (無畏) *MU-I* (*destemor*) escrito acima da entrada da Sala do Chá.

Quando alguém pedia ao leigo budista Yamaoka Tesshu que explicasse, numa palavra, *Kannongyo* (*Kannon Sutra*), prontamente ele dizia, *"Se-mu-i"* [*dê (caridade) destemor*]. Não importa quantas outras velas acendamos, a luz da nossa própria vela não fica mais fraca; antes, a luz (de todas elas) torna-se gradualmente cada vez mais brilhante. Do mesmo modo, não devemos recear o fato de ofertarmos

Mu-i

21

nosso próprio coração. Tanto o dar quanto o receber devem encontrar-se, igualmente, no mesmo estado de nulidade, separados da cobiça e do ego. Compartilhar a libertação do medo com os outros implica conduzir os outros à esfera do não-medo. Essa maneira de conduzir os outros ao domínio da segurança absoluta é o significado básico da caridade.

O único modo de personificar o sentimento de destemor é estar no *Samadhi*, que se situa no próprio reino do eu absoluto e abnegado. Ali, onde o nosso eu original, livre de pureza ou impureza, é alcançado, o mundo nocivo do dualismo não pode existir. É ali que este mundo, repleto de provação e sofrimento, torna-se o reino puro da tranqüilidade e da luz, o que, de fato, ele é. A libertação do medo ocorre porque não há mais nenhum mal a ser rejeitado nem nenhum bem a ser adquirido. Em *Kyudo*, você deve participar do treinamento com absoluta determinação, entregar-se à abnegação e transcender a cobiça e o ego. Cada disparo deve estar livre do dualismo, atinja ou não o alvo. Você deve extenuar-se em retesar o próprio arco e fazê-lo apenas em benefício do retesamento. Ao tornar-se inconsciente daquilo que ocorre com você no exato instante do disparo, você transcende sua própria consciência e torna-se um com o alvo. Nesse estado de abnegação, o dualismo não pode existir e não há mais qualquer pensamento a respeito de fazer o bem ou o mal. Há apenas tranqüilidade e luz, pois estamos livres do medo.

Ao compreendermos que estamos ligados ao arco, devemos, alegremente, agradecer e, ao mesmo tempo, mostrar gratidão por beneficiarmos as pessoas e a sociedade através da prática do arco. Isso significa conduzir os outros ao reino da segurança absoluta, compartilhando o "destemor" através de *Kiai* produzida pela nossa determinação abnegada em treinar.

5. (残心) ZANSHIN *(mente duradoura ou coração que perdura)* escrito na aljava.

Refletir e examinar-se no Caminho do arco significa fazê-lo em relação a *Zanshin*. Há resposta ressoante apenas em *Kyudo* contemplativo. A postura perfeita e a mente mostrar-se-ão calmas e serenas. Se não há resposta suficiente em *Zanshin*, devemos refletir a respeito de nossa falta de aplicação na participação e compreensão sinceras de *Kyudo*. Sem *Shin Kiryoku* (心 気 力) não há *Zanshin*. A mente e a energia espiritual e intrínseca devem atuar em atenta e completa consonância. O que permanece é *Mushin (mente vazia, mente livre)*. O coração que perdura também significa que se deve transportar o princípio de *Kyudo* para nossa vida diária. A mente duradoura nunca se extingue. Em *Kyudo*, *Zanshin* é belo e vivo se o estágio de *Kai ("O Encontro" – convergência suprema da postura do corpo, da mente e da energia espiritual no centro da cruz)* for levado ao seu extremo. "A mão do arco empurra na direção da estrela brilhante a leste, enquanto a mão direita aponta para a lua nova a oeste... você é um com o universo."

6. (先正物 反求身) *SENSHOBUTSU-HANKYUSHIN (corrigir-se, em primeiro lugar, as coisas, opondo-se à busca de si mesmo)* escrito na casa do alvo.

Se você erra o alvo, não deve procurar acertá-lo recorrendo a truques engenhosos. Deve dedicar-se, rigorosamente, a corrigir os princípios fundamentais da respiração, de *Kiryoku (espírito vital, energia intrínseca, Kiai)* e da postura. Toda flecha deve ser pura e não ter sobre si o estigma do passado. A mente deve estar pura a cada disparo. Isso significa que você precisa olhar para dentro de si mesmo. Buscar dentro de si mesmo é o caminho mais curto para o aperfeiçoamento na arte de retesar um belo arco. Esse é o progresso do refinamento e do caráter na arte do disparo.

7. (生禅) *ZAZEN (meditação Zen)*.

O conceito *Zazen* da mente, da respiração e da postura atuando em conjunto é utilizado em *Kyudo*. A disposição mental correta, a respiração correta e a postura correta, atuando numa delicada harmonia, são essenciais no processo de *Kyudo* verdadeiro.

O *Zazen* é um importante fator em *Kyudo* simplesmente porque ele é *Zen* em ação. O simples fato de que *Dō*, do qual *Kyudo* é uma das formas, está indissoluvelmente vinculado ao *Zen* implica que devemos experimentar o *Zen* para conhecer a essência ou compreender a filosofia de *Kyudo*.

O *Zazen* consiste no despertar da nossa mente para a realidade e evita nosso aprofundamento na tentativa de escapar de um mundo ilusório. Por esse motivo, podemos treinar isentos de uma mente ascética *(uma mente devota, austera)* que se desenvolve a partir do nosso apego ao ego.

Para a compreensão do objetivo de *Kyudo* em Chozen-Ji, há outros aspectos filosóficos destinados a orientar as pessoas que estão sendo treinadas.

KIAI da mente e do corpo deve ser intensivamente mantida, em toda parte. *Kyudo* deve ser um "Modo de vida". O Caminho é um caminho individual e, ao longo dele, há muitas lutas do eu contra os hábitos e os sentimentos convencionais que, na vida, nos limitam. *Kyudo* empenha-se em disciplinar a mente e o espírito até levá-los a um ponto em que o ego e o seu inútil apego à vida sejam reduzidos a nada. *Kiai (vibração)* desenvolvida deve ser forte e ampla.

MAJIME NA KEIKO. O treino de *Kyudo* deve ser honesto e sincero, o que também significa que tem de ser sério e franco. Você precisa se aplicar ao máximo, porém dentro dos limites da sua capacidade, e experimentar a verdade que está presente. Deve estar atento e ser obediente, mas sem competir com os demais.

Majime deriva da frase, *"Ma o Shimeru"*, que quer dizer eliminar o espaço no meio. Em outras palavras, quando a ação da mente e do corpo coincide em um ponto no tempo e quando o espaço entre o pensamento e a conduta é eliminado de modo a eles estarem em perfeita harmonia, podemos considerar esse momento como o presente. Quando nos movemos livremente, sem qualquer espaço ou tempo no meio, assim como quando os pensamentos e a conduta são uma coisa só, sem que haja qualquer espaço entre eles à intromissão de pensamentos ruins, significa que o presente é agora. Por isso, em *Kyudo*, a prática deve ser mantida nesse estado de infinitude entre a mente e o corpo; eles se encontram de tal maneira integrados que todos os pensamentos divergentes são excluídos.

HUMILDADE. Livrar-se do ego implica ser humilde. Muitas vezes, essa peculiaridade não está presente porque o ego é uma das coisas mais difíceis de suprimir. Na prática do verdadeiro *Kyudo*, o egoísmo não tem lugar. Enquanto praticante, você deve manifestar *Nyuanshin (coração dócil, mente receptiva)*, uma certa flexibilidade de espírito que ateste sua disposição em aceitar as coisas tais como são apresentadas pelo mestre. A ausência dessa característica denota orgulho e ego, os elementos que conduzem à fricção mental e que constituem um obstáculo ao desenvolvimento espiritual. Se você adotar esse tipo de conduta na prática, adquirirá a característica da humildade e beneficiará as pessoas e a sociedade da qual você faz parte. Na humildade há gratidão.

As instalações para *Kyudo Dojo* em Chozen-Ji são amplas e o equipamento é suficiente. Na humildade, somos gratos e compreendemos que é um privilégio poder participar de tal *Dojo*. Não considere os objetos como se fossem propriedade particular e esteja sempre atento em cuidar muito bem das instalações e do equipamento.

(心如墻壁以可入道) *SHIN NYO SHOHEKI I KA NYUDO (entre no caminho utilizando a mente como uma barreira)*.

Para tornar-se capaz de retesar um belo arco, você deve, em primeiro lugar, controlar-se e utilizar a mente como uma espessa barreira, a fim de que não seja inteiramente ocupada pelo alvo. Se agir de outra forma, você não entrará no "Caminho". Bodhidharma recomendou: "Suporte o insuportável, tolere o intolerável e nunca seja negligente ou vaidoso."

(日新又日新) *NISSHIN MATA NISSHIN (a cada dia um novo dia)*.

Aprendemos que devemos inovar com cada flecha, perguntando repetidamente: "Este é o Caminho?", e prestar absoluta atenção a todas as flechas. Estudar *Kyudo* é estudar a si mesmo; isso nunca deve ser feito de modo precipitado. À medida que disparamos inúmeras flechas, nos renovamos repetidas vezes.

Com relação a isso, Omori Rotaishi cita a frase: "A cada dia, um ótimo dia", em *Sanzen Nyumon*. Literalmente,

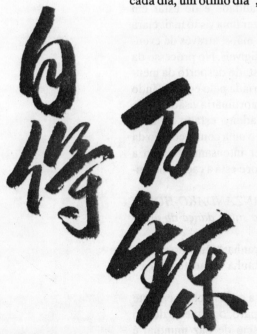

Hyakuren Jitoku

significa que cada dia, seja como for, é um ótimo dia. Entretanto, nossas vidas não se compõem apenas de dias favoráveis. Na verdade, em nossa sociedade, há uma quantidade muito maior de coisas desagradáveis do que de coisas agradáveis.

Para entender essa frase, devemos compreender que a verdade permanece invariável, sem levar em conta se algo lhe é acrescentado ou subtraído. A verdade manifesta-se em sua totalidade a qualquer tempo e onde quer que possamos estar. Todos os eventos e todas as coisas são, em si mesmos, auto-suficientes. Uma panela é sempre uma panela e nada mais, tanto no presente como no passado. Um papel é, do mesmo modo, um papel, em toda a sua independência. A tinta é tinta, única em seu ser no mundo todo. Não há nada sob o Céu que não seja absoluto em sua existência. Quando caminhamos ao longo de um córrego, temos a sensação de fluir junto com ele. Ao olhar para os pássaros voando, nos transformamos num pássaro e voamos livremente com ele pelos céus.

"Somos como brancas gotas de orvalho; se nos dispuséssemos como se estivéssemos realmente nas folhas do bordo, nos tornaríamos um rosário vermelho." Em *Kyudo*, você deve treinar para alcançar o espírito de união com o arco, a flecha e o alvo. Você se encontra num estado permanente de experimentar a realidade e de estar em contato com ela. Isso lhe permite obter uma visão mais clara através do esforço de suas próprias mãos, através de eventos que, em si mesmos, não são inteligíveis. No processo da prática diligente, você descobre o estado desperto da mente dissipando a névoa de confusão criada pelo ego. Quando o obstáculo é removido, há uma extraordinária visão da vida sendo possível redescobrir o verdadeiro estado da existência. Você pode ter um vislumbre e uma compreensão da vida quanto à verdade, que é viver intensamente com a realidade. E a realidade está onde você está a cada momento. "A cada dia, um ótimo dia."

(南山打鼓 北山舞) *NANZANDAKO-HOKU-ZANBU (o tambor da montanha ao sul, a dança da montanha ao norte).*

No *Zen*, há uma expressão estranha: "Quando a montanha ao sul toca o tambor, a montanha ao norte dança". Nada mais é acrescentado.

Dedique-se, com sinceridade, a cada flecha e execute o disparo sem inibição. Com tal disparo, o arqueiro do ato de dar sem medo existe e seu desejo de paz mundial é expressado.

(天心妙) *TENSHIN MYO (as maravilhosas atividades da consciência universal)*. Trata-se de uma determinada qualidade criativa perceptível em qualquer coisa na natureza ou na vida.

"Utsukushii yumi wo hiku" – *"Retesar um belo arco"*. *Kyudo* deve ser maravilhosamente criativo (*Myo*). Isso simplesmente significa aplicar nosso talento, com fidelidade e harmonia, ao arco, colocar a flecha no arco e retesar. Deve ser instintivo e provir diretamente do nosso âmago, sem ser interrompido pelo nosso intelecto dicotômico. As mãos podem mover-se de acordo com a técnica aprendida, mas há uma certa espontaneidade e criatividade individual quando a técnica, conceituada e universalizada, é manipulada pelas mãos do mestre. Do mesmo modo que a aranha tece sua teia, e a vespa e as formigas constroem seus ninhos, trata-se de uma bela e maravilhosa atividade da natureza e não de algo ensinado por alguma pessoa. Ainda assim, você deve praticar e aprender a arte do arco com modéstia e sinceridade, bem como com a consciência de que as coisas mais simples são sempre difíceis; conhecer é diferente de fazer. Há coisas a seu respeito que você nunca compreenderá por si mesmo.

"Olhe para o Arco-íris... o arco é o Arco-íris."

Kyudo
Um modo de vida e seus níveis de treinamento

Issha Zetsumei

Não se faz *Kyudo* apenas treinando *Dojo*. Ainda que aprendamos a retesar o arco e sejamos capazes de atirar a flecha ao alvo, estamos longe de fazer *Kyudo*.

Quando se faz *Kyudo*? Trata-se de uma questão individual e depende do nosso nível de treinamento.

O treinamento em *Kyudo* pode ser concebido em vários níveis.

O primeiro é *Keiko*. O termo equivalente, em português, é praticar. O nível seguinte é *Renshu*, treinar. Os níveis posteriores de treinamento superior não possuem um termo equivalente único para descrevê-los. *Tanren* é o forjamento espiritual quando começamos a nos moldar no reino espiritual do treinamento. *Kufu* (*Kung Fu*) é um treinamento que nos disciplina no sentido de eliminar todas as inibições, tanto intelectuais quanto emocionais, a fim de trazer para fora aquilo que está armazenado no inconsciente e permitir que, aos poucos, ele venha à tona, independente de qualquer tipo de interferência por parte da consciência. *Shugyo* encerra uma boa parte do treinamento anterior num nível mais elevado de nos tornarmos um com o universo.

No processo de aprendizado de *Kyudo*, você está no primeiro nível de treinamento, *Keiko* (*praticar*). Em primeiro lugar, deve aprender *Kata* e *Waza* (*forma, estilo* e *técnica*). *Keiko* deve ser diligente ou você não será capaz de retesar o arco, lançar a flecha e passar para o nível de *Renshu* (*treinar*). Neste segundo nível, aprenderá *Reigi-Saho* – etiqueta, conduta, decoro (*modos de procedimento*) e boas maneiras (*padrão de comportamento*) – que traz disciplina ao treinamento. Nestes dois níveis de treinamento, você ainda não está em *Kyudo* verdadeiro. Está numa fase chamada *Toteki* (*mirar-acertar*). Literalmente, significa mirar e acertar o alvo. Nesta fase, você tem plena consciência de mirar e tentar acertar o alvo. Sua impetuosidade muitas vezes manifesta-se através da postura do corpo. Você está tenso. Os ombros erguem-se em demasia e o pescoço e corpo inclinam-se na direção do alvo. Suas intenções e objetivos tornam-se transparentes. Quando você lança a flecha, o movimento é forçado e aos trancos. A flecha que atinge o alvo é classificada de "flecha morta" e tende apenas a romper a superfície do alvo. É importante o instrutor alterar essa consciência e corrigir, constantemente, a postura para manter uma posição ereta, relaxar e não pensar no alvo. Você deve agora passar para o nível seguinte de treinamento de *Tanren*, e moldar-se no reino espiritual. Quando surge espontânea a pergunta: "Como posso acertar o alvo sem mirá-lo, conscientemente? Como posso disparar sem qualquer habilidade artificial?", é uma indicação de que está se aproximando da fase seguinte, *Kanteki* (*penetrar*). Ao pé da letra, significa penetrar o alvo com a flecha. Espiritualmente, quer dizer "o espírito de *Kyudoka*". *Kyudo* verdadeiro tem início nesse momento. A resposta reside em sua capacidade de voltar os "olhos" para dentro, mantendo-se distante de todas as preocupações exteriores.

Anatomicamente, os olhos têm uma configuração que permite uma visão daquilo que se encontra à frente e não podem atuar de modo inverso. Precisamos criar um novo olho, "o olho da mente", cuja percepção se dá em qualquer direção, pois provém de uma mente livre. O nível de treinamento começa a se deslocar para *Kufu* (*Kung Fu*). O *Zazen* torna-se um elemento muito importante desse treinamento. Felizmente, em Chozen-Ji, o *Zazen* é um requisito básico a todo treinamento.

Na fase de *Kanteki*, você tem consciência da correção da postura da mente e do corpo e atua ritmicamente com o processo respiratório para controlar a energia vital, *Ki*. A cabeça e o corpo tendem a ficar eretos e a postura correta e firme, porém relaxada e tranquila. Nossa consciência volta-se para dentro, para o espírito, e o interesse não reside no disparo da flecha, mas no retesamento do arco. A capacidade de penetração dessa flecha não provém da força do arco mas, sim, do espírito.

É óbvio que você retesa o arco para disparar mas, a partir do momento em que o retesa no interesse do disparo, será impossível deixar de ter consciência do disparo. A consciência do disparo já está intrínseca no próprio ato de retesar o arco. Para transcender essa consciência, você precisa se exaurir no ato de retesar, e fazê-lo apenas no interesse do retesamento, bem como expulsar da mente qualquer existência de um alvo. Deve tornar-se inconsciente do que acontece com você no exato instante do disparo. Não mire o alvo mas permaneça em pé, diante dele. E, no estágio de *Kai*, corrija, inconscientemente, a postura do corpo a fim de alcançar o centro supremo da perfeita "cruz" (*Jumonji*).

À medida que retesa, continuamente, o arco, a flecha deve ser esquecida. A flecha que penetra o alvo é chamada de "a flecha viva" porque é o espírito de *Kyudoka*, e não a própria flecha, que penetra o alvo. Ela provém do centro da existência, *"Hara"*, e é a expressão da mente e do espírito. Isso é *Kyudo* e, pela primeira vez, a penetração pode ser chamada de um "tiro certeiro".

Kyudo não termina aqui. *Kyudoka* ingressa nos níveis superiores de treinamento e entra na fase de *Zaiteki* (*existir, tornar-se*). Em *Kufu* (*Kung Fu*), a disciplina é pessoal e individualista, e a abordagem deve desenvolver-se a partir de nós mesmos. Em *Kufu*, você precisa se empenhar no sentido de unir-se a ela, dedicando-se inteiramente a ela a cada respiração, até não saber mais se ela é você ou se você é ela. Desse modo, você ingressará, individualmente, no estado de unidade. *Shugyo* é um nível rigoroso de treinamento e a intensidade do método permanece sempre a mesma. *Shugyo* requer uma aplicação assídua a fim de que você descubra o caminho de *Dō*; um processo que repousa muito mais numa aplicação espiritual do que mecânica. Ele o leva a um dilema técnico, do qual só será possível desvencilhar-se por meio de sua própria ação. Através do desenvolvimento de *Kan* (*percepção intuitiva*), você pode se desvencilhar com maior rapidez, imitando a única coisa transmissível, a técnica do mestre. Em *Kufu* e em *Shugyo*, descobrimos o reino de *Mushin* (*estado-de-não-mente*). Quando a mente se encontra no estado de vacuidade (*fluidez*), a liberdade de ação nunca será obstruída. Quando a mente hesita (*se detém*), há um vestígio de dúvida, de insegurança, e essa indecisão imediatamente se manifesta e leva ao malogro. Estar livre da mente significa a "mente de cada dia" (*Heijo-Shin*) e, quando isso é conseguido, não há mais problemas. No começo, naturalmente, você tenta fazer o que pode no manuseio do arco. *Kata* e *Waza* (*forma e técnica*) têm de ser dominadas. Mas assim que sua mente se concentra no desejo de fazer corretamente, ou de exibir habilidade, ou de sobressair-se dos demais, ou de se tornar um mestre nessa arte, infalivelmente você cometerá muito mais erros do que os realmente necessários. Sua autoconsciência ou ego está acentuadamente presente em todo o âmbito da sua atenção e interfere na exibição espontânea de qualquer proficiência que tenha adquirido até o momento. Você deve adquirir uma "mente natural", que significa a ausência de todas as formas de consciência de si mesmo ou do ego. Precisa libertar-se das inibições que obstruem a linha de conduta. Deve simplesmente empunhar o arco, colocar a flecha no arco e deixar que ela parta na direção do alvo, sem quaisquer sentimentos de estar fazendo bem ou mal, algo importante ou insignificante. Você precisa transcender todo dualismo e atingir a maturidade. E, quando alguém proferir o seu nome, imediatamente responda "sim", sem qualquer consciência de avaliar alguma impressão produzida.

A mente não deve ser localizada em alguma parte do corpo definidamente designada. Então, onde se deve conservá-la? A maioria das pessoas a conserva na cabeça. Os japoneses têm um ditado: "Mantenha a mente no abdômen". Isso significa concentrar-se em *"Hara"*, o centro da nossa energia espiritual. O espírito é o agente que controla a nossa existência e deve ser, em qualquer lugar e a qualquer momento, móvel ("não parado"). Ele existe unicamente por si mesmo, sem efeitos, pensamentos, sem ser assertivo. Entretanto, se encerrar, conscientemente, a mente na região inferior do abdômen, ela ficará impedida de atuar em outro lugar. A partir de *Hara*, deixe a mente preencher o corpo todo e fluir através da totalidade do ser.

Por fim, quando se consegue conservar a inocência de uma criança, porém com toda a astúcia e o subterfúgio da aguçada inteligência de uma mente madura... diz-se que *Kyudoka* está na fase de *Zaiteki*.

Kyudo verdadeiro só pode ser experimentado quando se alcança o nível da proficiência, atingido apenas quando se consegue compreender a maturidade. Nesse estado, todo dualismo é transcendido e retorna-se ao eu natural. No processo de atingir essa proficiência, há diversos dualismos a serem enfrentados; o equilíbrio do *Yin* e do *Yang* em *Kiai*, *Taihai* (*harmonia de movimento*) e *Shagi* (*técnica de disparar*) em *Maai*. Do mesmo modo que *Kata* e *Waza*, que devem primeiro ser aprendidas e, então, absorvidas, o dualismo do equilíbrio em *Kyudo* precisa ser experimentado e, por fim, levado a um ponto onde não há nenhuma diferenciação. Quando se chega a um ponto em que o céu e a Terra ainda não se separaram e o *Yin* e o *Yang* ainda não se diferenciaram, pode-se afirmar que se alcançou a proficiência.

Retornamos, então, ao estado natural no qual a técnica atua através do corpo e dos membros, como se não dependesse da mente consciente. Aquele que dominou a arte não precisa se esforçar e se dedicar, assiduamente, à arte do disparo. "Ela" faz o disparo. Quer acerte o alvo ou não, nenhum Eu é afirmado. Não fazemos nenhuma diferenciação, embora saibamos muito bem o que cada coisa é. Na vida, não vemos os outros ou nós mesmos mas, mesmo assim, sabemos muito bem quem são os outros e quem somos nós; não fazemos nenhuma diferenciação mas, mesmo assim, sabemos quem é cada um. Ninguém pode alterar essa liberdade, pois cada um se mantém absolutamente por si só. A diferenciação entre mau e bom não vem à mente, pois um complementa o outro e, se atrairmos um deles, com certeza o outro virá atrás. O estado de transcender a relatividade das coisas, tal como ela é na vida cotidiana, é agora compreendido, porém não o abandonamos de todo.

Quando se alcança a proficiência na arte, *Kyudo* torna-se um Modo de vida.

Kiai que vibra a partir de *Zaiteki Kyudoka* indica que *Hara* está estabelecido; a postura é ereta e tranquila, e a natureza como um todo bem como a atitude silenciosa manifestam-se em toda a aparência. Nesse estado, "lançamos fora" o arco e a flecha porque nos tornamos a própria flecha viva e o arco é a vida toda. Não temos de mostrar a ninguém a nossa aptidão em atirar com o arco e a flecha porque atiramos com o arco e a flecha na vida diária. Naturalmente, *Zaiteki Kyudoka* retorna a *Dojo* e retesa o arco. As flechas podem, às vezes, penetrar no alvo e, outras vezes, deixar de fazê-lo. Contudo, acertar ou não no alvo não é, nesse momento, o ponto fundamental, pois no âmago da atual existência um alvo sem alvo pode ser descoberto. *Zaiteki Kyudoka* encontrou e retornou à natureza de *Buda*, ao eu original, e é agora "um com o alvo". A flecha talvez não atinja o alvo mas não deixa de ser bem sucedida. Isso significa tornar-se "um com o Universo"... o círculo vazio de conteúdos, um círculo sem circunferência.

Bukkoku Kokushi, famoso mestre *Zen* da era Kamakura, escreveu:

Nenhum alvo é instalado,
Nenhum arco é retesado,
E a flecha deixa a corda:
Talvez não atinja o alvo,
Mas é bem sucedida!

O que se faz quando se atinge a meta suprema? Prossegue-se na doutrina de *Mushin* (*mente inconscientemente consciente*) mas tomando-se cuidado para que a mente não seja capturada pelo próprio vazio. Não se acomode. Livre-se disso também.

Em outras palavras, o Caminho não tem término.

Ichi Butsu

O Zen e o Comportamento da Respiração

Hara Gei

Respirar de uma forma natural desenvolve os elementos essenciais do *Zen Shugyo* (*treinamento espiritual*). A respiração correta é importante para conservar a postura psicofísica (*Shisei*) e a energia intrínseca (*Kiai*) atuando inseparavelmente no processo da evolução espiritual.

A maneira natural de respirar é pelo diafragma e não pelo tórax. Desse modo, aprendemos a concentrar a energia (*Ki*) na cavidade abdominal (*Hara, Tanden*). Esse tipo de respiração chama-se *Tanden Soku*. É uma forma tranqüila de respirar suave e profundamente na meditação (*Zazen*).

O ar inalado chega, de fato, aos pulmões mas, pelo relaxamento dos músculos ao redor da boca do estômago, podemos incitar a sensação do ar consumindo a região abaixo do umbigo numa longa e lenta exalação direcionada para *Tanden*. Contraia os músculos ao redor do ânus e impulsione o quadril ereto ligeiramente para a frente. A energia deve ser sentida como se estivesse sendo extraída da região abaixo do umbigo. Nesse processo de emanação da energia, a tensão no abdômen inferior abre um vão (côncavo) e atenua a pressão ao redor das áreas do estômago. A concentração nas extremidades inferiores do corpo deve relaxar o ombro e a parte superior do corpo.

Os principiantes têm de praticar a respiração com *Tanden* intencionalmente tornando-se capazes, aos poucos, de diminuir, inconscientemente, a freqüência da respiração. Ao expirar e inspirar, concentre-se na energia e não na força física do abdômen inferior. Quando a força vital está em *Tanden* e retida em *Hara*, essa força espiritual e energia vital deve propagar-se através do corpo todo.

Esta ênfase na respiração como um método de concentração e, ao mesmo tempo, de tranqüilizar nossa energia nervosa (*Ki*) reflete a influência do *Zen*.

O *Zen* não tem nenhum credo ou doutrina, apenas a crença de que podemos alcançar a iluminação somente através do nosso próprio esforço. As orações e a fé são tidas como completamente inúteis. O *Zen* não faz nenhuma distinção entre espírito e matéria ou mente e corpo. Por conseguinte, o *Zen* abraça a idéia de que podemos influenciar diretamente nossa mente ou espírito por meio de práticas físicas e alcançar qualquer estado mental ou nível espiritual desejado unicamente através da postura do corpo.

Ki é traduzida de várias maneiras por "respiração", "espírito" ou "energia nervosa". Ela é comparada a um fluido de vida elétrico que corre ao longo dos nervos a partir da cavidade abdominal (*Hara*) até as diversas partes do corpo, do mesmo modo que a eletricidade ao longo de um fio. Esse impulso nervoso (*energia-Ki*) é tangível, à medida que seu movimento pode ser percebido pela mente ou que *Ki* de outra pessoa pode (*como a eletricidade*) causar um choque ou emitir uma vibração nas outras pessoas.

A arte de controlar *Ki* (*Hara Gei*) pode ser aprendida e concentrada em qualquer parte do corpo. O controle mais eficaz de *Ki* se faz através da respiração sistemática. Não há nenhuma distinção fundamental entre *Ki* e a alma, ou o espírito em geral. Por isso, a obtenção de controle sobre nossa energia nervosa (*Ki*) está relacionada com o progresso espiritual. Desde que o controle é atingido sobretudo através da respiração, o progresso espiritual se torna inseparável do progresso nos exercícios respiratórios.

No *Zen*, todas as tentativas de realizar o progresso espiritual por meios meramente mentais, tais como a oração, a meditação extática ou alguma divindade, assemelham-se à crença de que nossa vida na Terra é eterna. Se nossa mente deve ser aperfeiçoada, se o progresso espiritual tem de ser efetuado, isso precisa ser feito através do corpo, pois só assim a energia vital (*Ki*) pode ser diretamente influenciada.

A respiração abdominal profunda constitui o treinamento espiritual e todas as artes são conhecidas como *"Dō"* ou Caminhos. *Dō* nos ensina a entrar no *Zen* através do corpo. Quando o princípio de *Shin Ki Roku Ichi* (*unidade da mente e do corpo através da respiração adequada*) for compreendido, a tensão e o relaxamento, a calma e a agilidade tornar-se-ão corretamente equilibradas. Todo o nosso ser participa da atividade que revelará um poder e uma beleza graciosos, quer se trate de um disparo em *Kyudo*, de uma cutilada em *Kendo* ou de uma tigela na arte da cerâmica.

Hara Gei (*arte de utilizar Ki*) é a chave para entrar nos Caminhos do *Zen*. Por conseguinte, em *Kyudo* de Chozen-Ji, esse mesmo comportamento da respiração é praticado no treinamento a fim de assegurar o progresso espiritual no processo de entrar no *Zen*.

Kata e Waza
Estilo, Forma e Técnica

Seishin

Ao contrário dos esportes, *Kata* e *Waza*, na Escola Chozen-Ji de Kyudo, não se limitam apenas à forma e à técnica visuais; elas estão intimamente unidas à postura (*atitude*) da mente e do corpo e atuam, de modo inseparável, com o processo respiratório natural. Por conseguinte, devemos realizar *Kata* e *Waza* corretas a fim de propiciar uma atitude correta.

No começo, claro, você procura dar o melhor de si ao manipular o arco; há uma concentração total na forma e na técnica do disparo. *Kata* e *Waza* precisam ser dominadas. Contudo, se você concentrar a mente exclusivamente na forma e na técnica visuais, com o desejo de ter um bom desempenho e exibir sua habilidade, ou de se distinguir dos demais, inevitavelmente cometerá muito mais erros que os cometidos em situações normais.

Ter o domínio da arte não significa necessariamente o desenvolvimento supremo da forma e da técnica visuais. *Kata* e *Waza* devem atuar intimamente relacionadas com a nossa natureza espiritual no desenvolvimento para que, afinal, através da prática diligente da técnica formal, os Caminhos refinem a sensibilidade e a destreza dentro de um campo limitado, até o princípio natural ser compreendido. Os estilos e as técnicas podem variar, mas o princípio mais profundo, no domínio dos Caminhos, é o mesmo. Por conseguinte, não há, na essência, *Ryuha* (*escolas de diferentes estilos e técnicas*). Contudo, a bem da conveniência no treinamento, *Kyudo* em Chozen-Ji segue um determinado estilo e uma técnica que melhor se adaptam à sua filosofia de treinamento.

Kyudo, em Chozen-Ji, requer que a forma espiritual interior oriente a forma exterior. O treinamento não tem como objetivo o desenvolvimento do nosso desempenho ou execução. Ele é, muito mais, a disciplina que obtemos a fim de tornarmo-nos "um com ela". Trata-se de um esforço individualista e deve ser desenvolvido a partir de dentro de nós, a fim de levar-nos a descobrir o reino de *Mushin* (*estado-de-não-mente, mente natural*). É preciso desenvolver essa "mente natural", que significa a ausência de todas as modalidades da consciência do ego. É preciso libertar-se das inibições que obstruem a nossa linha de conduta. Quando o ego se encontra demasiadamente presente, sem dúvida interferirá em nossa proficiência. Deve-se alcançar a maturidade transcendendo a nós mesmos enquanto sujeitos atuantes sobre um objeto e permitir que o corpo aja em conformidade com o princípio natural.

Quando somos capazes de "lançar fora" *Kata* e *Waza*, mediante a assimilação de todas as formas exteriores, transformando-as numa parte da nossa natureza, a arte é dominada e ascendemos ao nível mais elevado. Ao alcançar este nível, *Kyudoka* ingressa no mundo do *Zen*. Inversamente, treinando-se no *Zen* podemos atingir o nível mais elevado de domínio em *Kyudo*. Retornamos à natureza de Buda (*eu original*), onde *Mushin* prevalece. O corpo e os membros fazem por si sós aquilo que lhes é atribuído, sem qualquer interferência da mente dos cálculos intelectuais. Tornamo-nos uma pessoa simplória, que nada sabe das técnicas e da forma de *Kyudo*, e destituída de qualquer aprendizado. Isso significa viajar pelo "Caminho", pela estrada da Escola Chozen-Ji de Kyudo. O Caminho da vida consiste em tornarmo-nos um com o universo e unirmo-nos, harmoniosamente, à vida.

No desenvolvimento de *Kata* e de *Waza*, devemos também incutir uma forma de etiqueta, decoro e decência (*Reigi-Saho*). A disciplina desenvolvida através de *Reigi-Saho* permite-nos alcançar a forma de *Kyudo* verdadeiro, na qual a interação das formas espiritual e externa cria o estágio para o desenvolvimento de *Mushin* – tornar-se um com o arco, a flecha e o alvo. Nesse estágio mental, começamos a compreender a expressão "disparar sem disparar". A mente natural torna-se "um com ela" e não há mais nenhuma necessidade de efetuar o disparo.

Atualmente, *Kyudo Dojo* em Chozen-Ji é um dos raros centros de treinamento cujo princípio deriva do processo *Zen*. Por isso, *Kyudo* em Chozen-Ji é apenas uma parte do treinamento *Zen*. O estagiário deve sempre abraçar a filosofia *Zen* no processo de dominar a arte de *Kyudo*. Isso significa que você precisa ter sempre em mente a necessidade de incluir sua natureza espiritual no desenvolvimento de *Kata* e de *Waza*, bem como de abandonar sua preocupação externa de acertar o alvo.

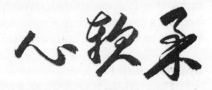

Nyunanshin

Hassetsu (oito estágios)
O processo do disparo em Kyudo

RISSHA *(Seqüência executada em pé)*

As posturas e os movimentos que precedem e sucedem o disparo da flecha dividem-se em oito (8) estágios (*Hassetsu*). Esses estágios parecem ser uma série contínua de movimentos. Entretanto, o estagiário precisa aprender o significado e os requisitos dos movimentos e das posturas em cada estágio.

Há dois (2) outros elementos significativos no processo de *Kyudo*. *Kiai* (*energia vibrante que emana do interior*) e o ritmo respiratório devem atuar em harmonia com a postura do corpo. *Kiai* das quatro (4) estações vigora nos estágios de *Hassetsu*. Começando com a fresca e vigorosa *Kiai* primaveril, passando pela intensidade abrasadora de *Kiai* de verão, chegando ao vigor ameno e delicado de definhada *Kiai* outonal e terminando com o vigor sereno mas enérgico de *Kiai* de inverno. (*Consultar Hojo.*) O ritmo respiratório (*consultar Zen e o comportamento da respiração*) tem de atuar com cada movimento a fim de assegurar uma seqüência uniforme e harmoniosa.

Os oito (8) estágios em *Hassetsu* são *Ashibumi, Dozukuri, Yugamae, Uchiokoshi, Hikiwake, Kai, Hanare* e *Zanshin*. As posturas e os movimentos ilustrados em cada estágio são básicos. Há variações nos diversos estágios para outras seqüências de disparo.

Postura Inicial

Kyudo tem de ser sincero e gracioso. Por isso, deve-se começar de um modo positivo, endireitando as costas, travando os joelhos, erguendo o queixo e permanecendo ereto, com os pés paralelos e juntos. (*Fig. 1*)

Segure o arco (*Yumi*) levemente com a mão esquerda pela empunhadura (*Nigiri*) e com a corda do arco (*Tsuru*) voltada para fora. Segure as flechas (*Ya*) na mão direita (*mão enluvada*) num ponto perto da quarta junta da flecha. Geralmente, usa-se um par de flechas. Segura-se a primeira flecha (*Haya*) sobre o lado inferior da segunda flecha (*Otoya*) para que fique prontamente acessível ao procedimento necessário de colocação das flechas. Ambas as mãos devem apoiar nos quadris, com os braços afastados do corpo e os cotovelos estendidos para a frente, de modo a formar um amplo círculo (*Fig. 1*). A extremidade da flecha fica apontada para o chão e convergindo para o centro, a uns dez (10) centímetros do solo. A ponta da flecha (*Itazuki*) é apontada ao longo de uma linha que cruza a extremidade do arco. Os ombros ficam relaxados.

Ryu *(Reverência)*

Em gratidão e respeito ao processo de *Kyudo*, *Kyudoka* curva-se. A reverência não é feita apenas curvando o pescoço e a cabeça; ela se faz curvando e inclinando o tronco ligeiramente para a frente, desde o quadril e com dignidade. *(Fig. 2)*

Estágio I – ASHIBUMI *(Dar um passo ou andar)*
Avance na direção do alvo *(Fig. 3)*. Os passos são limitados segundo o espaço disponível na área de tiro. O movimento dos pés é executado de modo uniforme e deslizante, sem erguer o calcanhar. A força do movimento deve originar-se de *Hara (Tanden)* e o corpo tem de permanecer ereto. Quando a área de tiro *(Sha-i)* for alcançada, o corpo deve ser posicionado de modo a formar um ângulo reto em relação ao alvo; ao mesmo tempo, firme os pés dando um passo para o lado *(Ashibumi)* *(Fig. 3)*. A separação dos pés precisa ser executada com uma vigorosa *Kiai*. Para assegurar uma postura equilibrada, fixe firmemente os pés com os artelhos voltados para fora, formando um ângulo de 60 graus, e com a extremidade dos artelhos ao longo de uma linha reta em relação ao centro do alvo *(Mato)*. A extensão da abertura entre os pés é aproximadamente idêntica ao comprimento da flecha de *Kyudoka (Yazuka)* *(Fig. 4)*. Para as mulheres, essa medida pode ser menor do que a de *Yazuka*.

Pontos importantes:
- *Ao adotar a postura, estenda o dedão do pé para fora sem levá-lo ainda ao necessário ângulo de 60 graus.*
- *Comprima os ossos do quadril e os calcanhares, contraindo os músculos das nádegas, a fim de forçar Koshi (base) para a frente.*
- *Alongue a linha interna do dedão do pé e erga o sacro (osso inferior da espinha dorsal).*
- *Essa ação fixará a sola do pé firmemente no chão (âncora). Lentamente, estenda (force) o dedão do pé até levá-lo ao necessário ângulo de 60 graus. A linha perpendicular da espinha tornar-se-á vigorosa e ereta.*

Kiai: *Primaveril – fresca e vigorosa.*

Ritmo da respiração: *Regular e uniforme.*

Estágio II – DOZUKURI *(Posicionando o torso)*
Estabelece-se *Dozukuri* por ocasião mesmo de *Ashibumi*. Posicione o torso a fim de criar uma base firme para todos os movimentos em *Hassetsu (Fig. 3-6)*.
Controle os músculos do ânus de modo que a nádega se sobressaia para trás sem movê-la, e sinta o erguer-se de *Koshi*. Essa ação ergue, gradualmente, a parte superior e inclinada do corpo, relaxa a região do tórax e apruma *Koshi*. Leve um pouco à frente o abdômen inferior, a fim de endireitar o quadril, e erga a parte superior do corpo para endireitar perpendicularmente a espinha. Esses movimentos mantêm a estabilidade do centro de gravidade no corpo. Comprima o lado interno das coxas.

Prepare-se para *Yatsugae* (*colocação das flechas no arco*).

Yatsugae *(Colocação das flechas – seqüência básica)*
A partir da postura de *Ashibumi*, estenda os braços para baixo e para fora (*Fig. 5a*), permitindo que a extremidade do arco (*Urahazu*) toque o solo. Afrouxe o aperto no arco e deixe-o girar por si mesmo, de modo que a corda fique voltada para dentro. Erga os braços e coloque o arco, perpendicularmente, na frente e no centro. Ao mesmo tempo, cruze o braço direito na frente do arco de modo que a mão direita fique à frente do punho esquerdo. Isso leva a flecha a uma posição na qual possa ser empunhada com o entrelaçamento dos dedos médio e indicador da mão esquerda (*Fig. 5b*). Apanhe a primeira flecha (*Haya*). Segure a flecha em seu lugar, horizontalmente, mediante uma leve pressão do polegar. Mova a mão enluvada para a direita e, com os dedos médio e indicador, forme uma tesoura sobre a haste da flecha no local de seu entalhe (*Nakashikake*). Deslize os dedos ao longo da haste da flecha até as pernas (*Hane*). Empurre a flecha para a esquerda (*Fig. 5c-d*). Arrume o entalhe da flecha (*Hazu*) de modo a dispô-lo na posição correta para encaixar a flecha no arco (*uma das penas deve ficar voltada para cima*). Empurre a flecha para a frente até que a extremidade do entalhe ultrapasse aproximadamente um (1) centímetro a corda do arco. Isso cria uma leve tensão para um encaixe mais fácil e seguro. Ao encaixar a flecha no arco, leve a mão enluvada a uma posição que oculte o movimento da visão. A segunda flecha está agora pronta para ser posicionada. Coloque a segunda flecha paralela e perpendicular à corda do arco. Isso é feito para observar o segundo nó da junta da flecha (*o nó da flecha voltado para cima corresponde à cava da pena*). Arrume o nó visível de modo que, quando a segunda flecha é colocada, paralela e horizontalmente, sob a primeira, a cava da pena automaticamente serve de cavalete para a haste da primeira flecha. A segunda flecha é colocada sob a primeira com as penas voltadas para a frente e para a esquerda. Segure a haste da flecha entrelaçando o quarto dedo e o dedo médio (*ou o quarto dedo e o dedo mínimo*). A extremidade da segunda flecha deve ultrapassar a corda do arco cerca de uma (1) junta da flecha. Coloque a mão enluvada na área do entalhe e segure ambas as flechas e a corda com o dedo médio, o indicador e o polegar (*os dois dedos restantes devem voltar-se para dentro*). Abaixe o arco, levando sua extremidade inferior (*Motohazu*) a tocar o joelho esquerdo. Mova a mão enluvada, levando-a ao quadril. Erga novamente a mão enluvada e coloque a extremidade da segunda flecha na palma da mão (*luva de três dedos*). (*Para luvas de quatro dedos, puxe um pouco a extremidade da flecha e coloque-a entre o quarto dedo e o dedo mínimo.*) Faça a flecha deslizar para fora e volte a colocar a mão enluvada no quadril. Esta é a postura de *Dozukuri* (*Fig. 6*).

Quando o arco e as flechas estão no lugar e chega-se à postura de *Dozukuri*, deve-se atentar para que a posição esteja correta. *Uwanaribushi* (*junta no arco*) deve estar no centro do corpo para que a visão através do arco passe entre a corda do arco e o arco (*Fig. 6*). A flecha deve estar paralela ao solo e a extremidade do entalhe do arco em linha com o centro do corpo. As linhas que se estendem de um ombro a outro e de um lado do quadril ao outro devem ser paralelas e estar alinhadas ao solo e à posição dos pés (*estabelecendo a cruz tripla*). Aprume o queixo. Abaixe os olhos como no *Zazen* e olhe de relance ao longo do canal do nariz. Tendo *Hara* (*Tanden*) como o centro, estenda *Kiai* para o alto, até o Céu, ao longo da corda do arco, e para baixo, até a Terra. Esta é a postura do "Zen em pé".

Pontos importantes:
- *Estabeleça a cruz tripla.*
- *Verifique a postura do corpo. Force o lado inferior da omoplata (osso largo nas costas) para baixo e distenda a nuca para cima. Solte a região inferior do abdômen, estendendo a energia a* **Hara**. *Esses movimentos garantem uma postura vigorosa e ereta.*
- *Verifique e relaxe os ombros. Abaixe os ombros, levando-os para trás e para baixo num movimento giratório.*

Kiai: *Primaveril – fresca e vigorosa.*

Ritmo da respiração: *Regular e uniforme.*

Estágio III – YUGAMAE *(Posicionando o arco) (Fig. 16)*
Em *Yugamae*, atente para o posicionamento da mão enluvada (*Torikake*), para a empunhadura do arco na preparação para *Tenouchi* e estabeleça *Monomi* (*observação do alvo*). Vire a cabeça para a esquerda a fim de observar, por um momento, a área do alvo; volte à posição inicial.

Torikake *(O posicionamento da mão enluvada, luva de três dedos)*
O posicionamento da mão enluvada deve ser executado com sinceridade e não a esmo. *(Fig. 15)*
Coloque o encaixe do polegar sobre a corda do arco. Deslize a luva para cima, ao longo da corda do arco, até que a guarnição do polegar entre em contato com a haste da flecha. Gire a luva para a frente e ligeiramente para dentro. Coloque os dedos médio e indicador sobre o polegar. Não agarre o polegar. O contato se dá entre o polegar e o dedo médio. O polegar tem de voltar-se para cima a ponto de se erguer. A mão enluvada deve ter como centro de sua sensação a corda do arco e não o entalhe da flecha. Os últimos dois (2) dedos devem curvar-se para dentro. Com uma luva de quatro dedos, três (3) são colocados sobre o polegar e o contato se dá com o terceiro dedo.

Preparação de Tenouchi *(Primeiro estágio na arte de empunhar o arco)*
Tenouchi é tido como o estágio mais difícil de dominar e deve ser praticado contínua e diligentemente. Diz-se que empunhar o arco de modo incorreto significa "matar o arco".
Na preparação para empunhar o arco corretamente, coloque a superfície plana da empunhadura do arco entre a linha da vida e a base dos dedos da mão

esquerda. Segure a empunhadura com os três (3) últimos dedos (*a ponta dos dedos deve repousar junto ao centro da empunhadura*). Coloque o polegar, suavemente, sobre a ponta do dedo médio, perto da unha. Segura-se o arco bem suavemente, como um guarda-chuva japonês, e nunca se deve estrangulá-lo ou apertá-lo com força. *Tenouchi* completo é estabelecido no Estágio IV, em *Daisan* (*Fig. 30a-b*).

Tsurushirabe-Yumishirabe *(Inspeção da corda do arco e do arco)*
Inspecione a corda do arco e o arco ao mesmo tempo que se estabelece o ritmo respiratório. Envie *Kiai* para cima, ao longo da corda do arco, na direção do Céu, e para baixo, na direção da Terra, a fim de tornar-se "um com o Universo" (*tornar-se um com o arco e a flecha*).

Monomi *(Observar o alvo) (Fig. 16)*
Monomi não significa simplesmente olhar para o alvo. Envie *Kiai* através da haste da flecha e sinta o canal do seu nariz cortar o alvo ao meio, virando a cabeça precisa e repentinamente. Não pisque os olhos nem olhe com indiferença, ou *Kiai* se dissipará. Não mire o alvo, mas observe a área com os "olhos de Buda" (*baixando os olhos*).

Utilize *Hara* e estenda a energia aos quadris, à face interna das pernas e às juntas internas dos pés. Crie *Yumifudokoro* [*postura dos braços (elipse) ao segurarem o arco*], estendendo o cotovelo para que os braços, segurando o arco, formem uma elipse; você terá a sensação de estar abraçando um grande tronco de árvore (*Fig. 17a*). Erga o músculo externo da mão enluvada, expandindo o flanco e o tórax. Isso retesará ligeiramente a corda do arco para permitir que as penas da flecha se afastem do arco (*não estire ou retese a corda*).

Pontos importantes:
- Verifique a postura do corpo e dos ombros como no Estágio II.
- Seja sincero ao posicionar a mão enluvada e ao empunhar o arco.
- Crie a sensação de tornar-se um com ele.
- Estabeleça Yumifudokoro.

Kiai: *Primaveril, transformando-se em de verão – vigorosa. Prepare-se para uma forte vibração (Hageshii).*

Ritmo da respiração:*
Inale – primeira observação do alvo.
Exale – retorne a cabeça à posição inicial.
Inale – no começo do posicionamento da mão enluvada.
Exale – ao mudar a posição da mão esquerda na preparação para Tenouchi.
Inale – ao estender Ki para cima, até o Céu (Tsurushirabe).
Exale – ao enviar Ki para baixo, até a Terra (Tsurushirabe).
Inale-Exale – ao posicionar o arco e relaxar os ombros.
Inale – Monomi.

Estágio IV – UCHIOKOSHI *(Erguer o arco) (Fig. 17)*

A partir da postura de *Yugamae*, erga o arco com as duas mãos, com calma e de modo uniforme. Esse movimento deve estar em harmonia com a respiração. Sinta o fluxo desde a face inferior dos pés até os calcanhares, as panturrilhas, a parte interna das coxas e os flancos. Quando o fluxo chegar aos flancos, comece a erguer com a força dos flancos (*músculo latisimus*). A sensação desse erguimento deve ser semelhante à do erguimento de um objeto. Além disso, envie *Ki* à extremidade do arco a fim de que a ação de erguer seja firme e centralizada. Quando as mãos chegarem um pouco acima da sobrancelha ou quando sentir uma pequena tensão nos ombros, interrompa o erguimento. Não erga demasiadamente ou os ombros ficarão tensos. Visto de perfil (vista da extremidade posterior), o corpo e os braços estendidos devem formar um ângulo de 45 graus *(Fig. 17b)*. Embora este movimento exija movimentos suaves, não o faça com leveza. Ele deve ser executado com a mesma intensidade que *Ashibumi* e *Dozukuri* para que o torso se posicione firmemente no devido lugar.

Kamae

Pontos importantes:
- *O movimento deve ser suave e cuidadoso, mas tem de ter a intensidade de uma vigorosa Kiai.*
- *Erga com a força dos flancos e não com a dos braços.*
- *No processo de erguimento, envie a Ki para cima, até a extremidade do arco, a fim de assegurar um erguimento firme e centralizado.*
- *Não tolha o erguimento, mantendo o cotovelo dobrado de Yumifudokoro. Relaxe e estenda os braços para criar um ângulo de 45 graus em relação ao corpo.*
- *Não erga em demasia. Mantenha os ombros abaixados e relaxados.*

Kiai: *Primaveril para de verão – intensa.*

Ritmo da respiração:*
Exale – ao começar a erguer.
Inale – na última metade do erguimento.

Estágio V – HIKIWAKE *(Retesar ao lado)*

O intervalo entre o fim do erguimento e o começo do retesamento deve ser um fluxo contínuo de energia, embora haja uma ligeira pausa entre os movimentos. *(Fig. 19)*

Daisan

Trata-se de um movimento muito importante neste estágio e deve ser executado corretamente ou o retesamento irá se desfazer. É também o último estágio no qual você pode corrigir seu equilíbrio. (*Fig. 18*)

A partir da postura de *Uchiokoshi*, estenda a mão esquerda na direção do alvo e estabeleça *Tenouchi* (*Fig. 18a*). O braço direito deve dobrar-se no cotovelo a partir da pressão, levando a mão enluvada a uma distância aproximada de um punho acima da testa. O cotovelo tem de ficar bem estendido, mas relaxado e firme. A parte superior do braço direito não deve mover-se para a frente devido à pressão e precisa ser mantido na mesma posição em que se encontrava no erguimento. A visão do alvo se dá ao longo da linha que se estende através da parte superior do antebraço esquerdo, perto do cotovelo (*músculo supinador*). Visto de perfil (vista da extremidade posterior), o braço estendido forma um ângulo de 45 graus em relação à linha perpendicular que passa pelo centro do corpo. A flecha deve permanecer paralela à linha de base.

Tenouchi *(A arte de segurar a empunhadura do arco)*

Empunhar incorretamente o arco significa "matar o arco". Por esse motivo, é muito importante compreender o método adequado de segurar a empunhadura. (*Fig. 30*)

Em *Yugamae*, *Tenouchi* está preparado. Estabelece-se *Tenouchi* completo em *Daisan*. Deslize o polegar para a frente à medida que a mão direita é empurrada na direção do alvo. Este movimento faz com que o polegar e o dedo indicador se entrelacem na área central da empunhadura do arco. Ao mesmo tempo, gire um pouco o pulso para a esquerda sem afrouxar os três dedos que seguram a empunhadura do arco. A pele dos dedos que estão em contato com a empunhadura estirar-se-á o bastante para que o entrelaçamento do polegar com o dedo indicador se ajuste mais confortavelmente ao centro da empunhadura do arco. Este movimento também provoca um torque sobre o arco. Quando o empunhar e a pressão adequados forem estabelecidos, o ângulo entre o braço e a corda do arco será de, aproximadamente, 25 graus. À medida que o retesamento se amplia (*Hikiwake*), o ângulo diminui e o torque aumenta. Não afrouxe o empunhar, mas não estrangule o arco. Se a pressão for correta, deve haver uma pequena folga entre a palma da mão e a empunhadura do arco. A força tem de provir do lado inferior do braço. O dedo médio precisa estar em contato com o lado inferior do polegar, sem deixar nenhum espaço entre eles. O polegar, contudo, não deve exercer pressão sobre o dedo médio; deve, antes, estar apontado para a frente e para a direita. O dedo indicador e o polegar têm de estar livres. Durante a pressão, o dedo indicador pode se estender para a frente ou curvar-se de modo natural, mas nunca deve ser colocado sob o polegar.

No processo de retesar o arco a partir de *Daisan*, não altere a postura de *Tenouchi*. É muito importante manter o polegar apontado para o centro, à direita.

É também muito importante não estender em demasia a pressão do lado esquerdo em *Hikiwake*, estendendo o braço nos ombros. Esse movimento desagregará a postura e faltará força no momento do disparo.

Tenouchi deve atuar em harmonia com *Torikake*. Se um deles não for concluído corretamente, todo o processo se desintegrará.

Hikiwake tem início após uma nítida pausa (3 segundos) em *Daisan*. A energia deve fluir continuamente. A energia, que se irradia a partir de *Hara*, é muito importante neste estágio porque o retesamento completo do arco requer uma extraordinária força vinda de dentro e não dos braços. Exale lentamente, com uma pressão descendente até *Hara (Tanden)*, e, ao mesmo tempo, retese o arco. A sensação do retesamento deve concentrar-se no meio das costas, entre os ossos da espádua (*omoplata*) e o tórax distendido, ao mesmo tempo que a espinha dorsal se estende para cima. A pressão e o puxão no retesamento devem ser equivalentes e dar a sensação de estirar com o cotovelo e não com os antebraços e as mãos. A sensação do puxão encontra-se num ponto que se estende para fora, paralelo ao entalhe da flecha. A sensação da pressão encontra-se num ponto acima da junta *Mezukebushi* (*uma das juntas do arco*) por onde desliza a flecha. A trajetória do retesamento também deve ser uniforme para que a flecha se mantenha o tempo todo paralela à base. A trajetória do puxão precisa transmitir uma sensação de contornar o ouvido direito. O ímpeto do puxão tem que transmitir a sensação da luva enganchando-se na corda do arco com um pequeno movimento interno.

O retesamento total deve transmitir a sensação da corda do arco deslizando para baixo, ao longo das costas, com os braços atuando como os braços de um relógio de precisão, tendo, como eixo, o centro das costas. O movimento deve ser pequeno, com um deslocamento giratório dos ombros. A harmonia absoluta entre os braços chama-se *Tsuriai*. (*Fig. 19*)

Não amplie em demasia o retesamento. Quando a flecha estiver paralela e em linha com a boca, o puxão para baixo deve cessar. Quando as penas da flecha transpuserem o canto da boca, o retesamento ao lado deve cessar (*Fig. 19a*). Trave o braço direito no cotovelo e no centro das costas, entre as omoplatas. Trave o braço esquerdo no cotovelo, pressionando na direção do alvo, e no centro das costas. O mais importante, nessa pressão, é que o ombro, na articulação do braço, está relaxado e não se estende para a frente. *Tenouchi* correto não será eficaz se o braço do ombro estiver estendido. A força da pressão do cotovelo precisa fluir através do lado inferior do braço (*Fig. 19*). A corda do arco deve estar em linha com o centro do flanco direito. Neste ponto, não gaste mais nenhuma energia puxando e empurrando, ou a postura se desintegrará e faltará força no instante do disparo. Embora os braços estejam travados e estendidos, o retesamento nunca deve ser consumado. Agora, o retesamento é reencetado, através do tórax distendido e dos cotovelos, no próximo estágio de *Kai* até o instante do disparo (*Hanare*). Além disso, no retesamento contínuo, o movimento deve dar a sensação de estender o braço direito na articulação do ombro. Tenha consciência de *Sonoi*. Abaixe os olhos, como no *Zazen*, a fim de penetrar no reino onde você, o arco, a flecha e o alvo se tornam um.

Pontos importantes:
- *No retesamento, faça o corpo todo convergir para o centro das costas.*
- *Tendo o centro das costas como eixo, use os braços como os braços de um relógio e faça o retesamento com um pequeno e suave movimento giratório dos ombros. Concentre-se em Tsuriai.*
- *No retesamento, esqueça os antebraços e concentre-se nos cotovelos.*

- *Faça o retesamento com a sensação de um tórax distendido e de uma expansão, dirigida para cima, da espinha dorsal.*
- *Para retesar, concentre-se na força de Hara.*
- *No retesamento, depois que os braços estiverem travados na posição, não estenda em excesso a pressão e o puxão. Em vez disso, a energia deve ser transferida ao tórax distendido e ao estiramento do braço direito na articulação do ombro.*
- *Esteja atento a um contínuo retesamento, que não deve cessar até o momento do disparo.*
- *Tenha consciência da pressão adequada em Tenouchi. A força da pressão tem de se propagar a partir do cotovelo, através do lado inferior do braço. Tenha consciência de Sonoi.*
- *Torne-se um com ele.*

Kiai: *De verão – violento e forte (Hageshii).*

Ritmo da respiração:*
  Exale (bem suavemente) em Daisan.
  (Uma ligeira inalação pode ser feita na pausa entre Daisan e o começo do retesamento.)
  Exale – no retesamento, uma concentração intensa e prolongada em Hara.

Estágio VI – KAI *(Encontro)*

Este é o estágio mais importante em *Hassetsu*. O coração e o corpo devem ser um só e *Kiai* estendida. *(Fig. 20)*

De modo gradual, intensifique, ao extremo, as forças mental e física (*Yagoro*) *(Fig. 20b)*. Continue a retesar em benefício do retesamento, expandindo o tórax e a parte superior do braço direito, na altura do ombro. Mantenha a pressão adequada de *Tenouchi* (*Fig. 20c*) e estenda o polegar para a frente e para a direita. O aprumo do corpo deve originar-se da concentração da força de *Hara* e não das partes do corpo. Sem a força de *Hara*, o equilíbrio das extremidades inferiores e superiores será desfeito. Ao aprumar a postura, examine as cinco (5) cruzes que delineiam pontos em relação aos outros pontos no conjunto da postura. Ajuste os triângulos criados pelos pontos no centro do tórax, de um quadril a outro, através de *Tanden*, e pelos pontos sobre *Tanden* que se estendem até as duas articulações dos pés. Expanda a força para baixo, na metade inferior, e para cima, na metade superior do corpo. Os cotovelos devem estar travados no centro do tórax e as omoplatas têm de estar paralelas com a base. A flecha também deve estar paralela ao solo e em linha com a boca.

Quando todos os ajustamentos forem feitos, chega-se ao centro do "ponto zero" da cruz perfeita, onde toda força cessa e a serenidade e a tranquilidade são alcançadas. Esse é o encontro, no qual nos tornamos um com o arco, a flecha e o alvo (*Universo*).

Embora haja um meio físico de mirar o alvo, transcenda essa preocupação exterior de mirar para acertar o alvo, voltando os "olhos para dentro" e concentrando-se no aprumo da postura a fim de chegar ao centro da cruz perfeita. Experimente a sensação do comprimento da flecha estando em linha com o centro exato do local entre a parte anterior e posterior do tórax, bem como a sensação de retesar todo o caminho que vai desde o alvo, que está à frente, até a parte posterior do cotovelo direito, expandindo o tórax e estendendo o braço direito na articulação do ombro a fim de estabelecer outro alvo atrás. Alinhe o corpo entre os dois (2) alvos e experimente a sensação de estar em linha com o alvo. Experimente a sensação de estar no centro do "ponto zero", no qual, tal como no centro do furacão, tudo é tranqüilo e sereno em contraste com a força impetuosa gerada em seu perímetro. Experimente todas essas atividades extraordinárias do Universo (*Myo*) e a inutilidade de mirar fisicamente a fim de acertar o alvo exterior. O alvo já foi penetrado.

Tenshin Myō

Pontos importantes:
- *Para realizar de maneira adequada o encontro em Kai, é preciso que Kyudoka mantenha a posição por um período de tempo razoavelmente longo (10 segundos), a fim de fazer todos os ajustamentos interiormente e chegar à cruz perfeita.*
- *Mantenha à pressão adequada de Tenouchi. Estenda o polegar para a frente e para a direita.*
- *A força de Hara e Kiai também devem permanecer expandidas para experimentar todas as exigências em Kai.*
- *Não mire fisicamente o alvo. (Ver Mikomi-Nerai.) A "mira" de Kyudo em Chozen-Ji nunca é um foco exterior sobre o alvo. É, antes, uma "mira" interior que tem como foco o centro da cruz perfeita. Quando se chega ao "ponto zero", o corpo, a mente e a energia estão em perfeita harmonia e a serenidade predomina. A harmonia interior atua em relação ao efeito exterior, e a flecha que perfura o alvo é penetrante e viva.*

Kiai: *Transformação de verão para outono – de vigorosa para suave e leve (Sara Sara).*

Ritmo da respiração:* *Exalação suave e longa até Hara.*

Estágio VII – HANARE *(Liberar) (Fig. 21)*

O momento exato da liberação deve vir naturalmente e a partir de *Hara*. A flecha nunca deve ser liberada com a intenção de acertar o alvo; ela tem de ser, isso sim, uma flecha verdadeiramente penetrante que se origina do espírito. Isso significa dar vida ao arco e à flecha. Neste processo, é preciso aguardar no ponto de tensão suprema e manter-se inocente da liberação.

Dizem, no Japão, que a liberação é como observar o desabrochar da flor *Renge*. *Renge* é incomum porque é pouco provável notar seu desabrochar ainda que se esteja à espera desse acontecimento. "Do mesmo modo que a pesada gota de orvalho decide libertar-se, a flecha se liberta." A flecha não deve ser liberada por intermédio de algum esforço de *Kyudoka*; ela deve ser, antes, uma realização natural. Isso é a iluminação em *Kyudo*.

Em *Hanare*, a liberação súbita da tensão acumulada provoca uma explosão de energia em três (3) direções ao mesmo tempo, e o tórax alcança um grau extraordinário de expansão. Nenhum tremor, entretanto, deve percorrer o corpo. A mão enluvada é empurrada para trás numa linha reta sobre o eixo do cotovelo. O arco gira, por si só, num círculo formado, momentaneamente, pelo polegar e pelo dedo indicador (*Yugaeri*). O desprendimento do torque sobre a empunhadura (*Tenouchi*) também faz o arco girar. Controle o movimento apertando, de imediato, os outros dedos na empunhadura. O arco giratório desloca a corda para fora, do lado interno para o lado posterior do antebraço. A visão desse movimento é extraordinária e bela. O arco também deve deslocar-se para a esquerda, na seqüência natural da explosão. O deslocamento tem de fazer com que o polegar fique em linha com o centro exato do alvo. Embora a explosão de *Hara* se dê para fora, com uma força descendente, o ar retido deve deslizar, sem esforço, até ser completamente exalado, e então o ar é inalado de novo, vagarosamente.

Em *Hanare*, em vez dos dedos se separarem do polegar, o polegar da luva deve erguer-se, separando-se dos dedos.

Pontos importantes:
- *Quando a postura do corpo é perfeitamente horizontal e vertical, numa cruz, e quando a força em Tanden está em seu oitavo e nono grau (ponto da tensão suprema), a liberação deve vir com abundante Kiai.*
- *A liberação deve vir naturalmente e a partir de Hara (Tanden).*
- *A liberação também deve originar-se de um contínuo retesamento para garantir uma trajetória suave e perfeita.*
- *Tenouchi e a liberação de Torikake têm de atuar em harmonia (Sonoi). A última pressão na liberação deve vir do braço, a partir dos ombros, e a liberação da luva deve provir do recuo do polegar e não dos dedos que se separam do polegar.*
- *Na seqüência natural, o polegar deve ser apontado diretamente para o centro do alvo.*
- *Kyudoka, acima de tudo, não deve ser a causa de todos esses movimentos.*

Kiai: *Outono – suave (Sara Sara) passando a de inverno – calma e tranqüila (Shizuka), porém vigorosa.*

Ritmo da respiração:* *Exalação explosiva, porém sem esforço.*

Estágio VIII – ZANSHIN *(Coração ou mente que permanece) (Fig. 22)*

Refletimos e nos examinamos em *Kyudo...* em *Zanshin*. Só há resposta ressoante em *Kyudo* contemplativo. A postura e a mente perfeitas mostrar-se-ão tranqüilas e serenas. Se em *Zanshin* não há resposta suficiente, devemos refletir acerca da deficiência da nossa aplicação no que diz respeito à participação sincera em *Kyudo* e em sua compreensão. Sem *Shin Kiryoku (a mente e a energia espiritual e intrínseca atuando, do princípio ao fim, numa atenta harmonia; o que permanece é uma mente livre, Mushin)*, não há *Zanshin*. *Zanshin* é belo e vivo quando o estágio de *Kai* é levado ao seu extremo. Depois de *Hanare*, mantenha a postura, com os braços estendidos e os olhos dirigidos para a área do alvo.

Yudaoshi *(Abaixar o arco)*

Este movimento deve ser feito com dignidade e maturidade *(transcendendo o dualismo)*. Ele não deve revelar nenhum indício sobre se o tiro atingiu o alvo ou não.

Com a mesma *Kiai* e em ritmo com a respiração, abaixe o arco, tranqüilamente e com precisão. Desvie a cabeça do alvo e adote a postura do primeiro estágio *(Fig. 22a-b)*.

Zanshin

Pontos importantes:
- *Após a liberação, não perca Kiai.*
- *Mantenha uma mente tranqüila e meditativa.*
- *Atinja a maturidade (transcendendo o dualismo).*

Kiai: *De inverno – tranqüila e serena (Shizuka).*

Ritmo da respiração:*
Inale – Zanshin... mantendo a postura depois de Hanare (o ar deve ser inalado sem esforço e vagarosamente).

---

* Eventualmente, a freqüência respiratória deve ser reduzida. A exalação tem de ser longa e prolongada. Uma vez que os movimentos estão ritmados com a respiração, a respiração prolongada apurará o processo de Kyudo.

Exale – Yudaoshi.
Inale – desvie a cabeça do alvo.
Exale – postura de Ashibumi/Dozukuri.
Retome a respiração normal.

Dispare a segunda flecha (*Otoya*) seguindo o mesmo procedimento utilizado para a primeira. Na seqüência básica, leve a segunda flecha à posição correta para a fixação e a colocação no arco. Conduza a mão enluvada, com a flecha, até o arco na altura da empunhadura e segure a flecha entre o polegar esquerdo e o arco (*Fig. 23b*). Arrume a flecha e, com a mão enluvada, empunhe sua haste na altura da junta, perto da extremidade. Comece a fixar a flecha ao arco, seguindo o mesmo procedimento (*Yatsugae*) utilizado para a primeira (*Fig. 23c*).

ZASHA *(Seqüência na postura sentada)* – **Kata e Waza na principal seqüência do disparo**

Adote a postura inicial (*Fig. 7*) e curve-se em sinal de reverência (*Ryu*). Avance até a área de disparo (*Sha-i*). Adote a postura de joelhos de *Kyudo* (*Fig. 8*). Gire para a direita (*Fig. 9*) a fim de posicionar o corpo em ângulo reto em relação à área do alvo. Coloque o arco na frente, com a extremidade inferior do arco (*Motohazu*) tocando o solo. O arco deve estar aprumado e no centro. Erga um pouco o joelho esquerdo (*o espaço entre o joelho e o solo deve apenas permitir a passagem de uma mão aberta*) (*Fig. 10b*). Prepare-se para *Yatsugae*. Gire o arco de modo que a corda fique à direita; passe a mão enluvada sobre o arco e leve-a até um ponto situado abaixo da junta mais inferior do lado externo do arco (ou cerca de 12"). Segure a corda do arco com o gancho do dedo mínimo e gire o arco usando a extremidade inferior como um pivô. Estenda o braço sobre o arco para que a primeira flecha possa ser apanhada das costas da mão enluvada e colocada entre os dedos médio e indicador da mão esquerda. Siga a seqüência básica de movimento de *Yatsugae* (*Fig. 10e*). Durante esse procedimento, o cotovelo esquerdo deve ser estendido para fora e não contra o corpo. A forma correta cria uma postura firme e digna.

Quando as flechas estiverem colocadas, ponha a mão enluvada no quadril. Torne a colocar a mão enluvada no entalhe da flecha e segure a flecha e a corda entre o polegar e os dois (2) primeiros, ou os três (3) primeiros, dedos. Os dedos restantes devem ficar escondidos. O cotovelo do braço direito também deve ficar igualmente estendido. Levante-se e ponha-se na posição em pé (*Fig. 11*). Na primeira fase do erguimento (*sobre os joelhos*), o arco não é erguido do solo com os braços, mas devido à ação de erguimento sobre os joelhos. Na segunda fase do ato de levantar-se, mova, suavemente, o arco para cima, de modo que o movimento não seja percebido. Na posição em pé, as mãos que seguram o arco devem estar no nível dos olhos. Gire a cabeça e observe o alvo. Olhe de relance para o solo, sem curvar a cabeça, a fim de localizar a área onde o pé esquerdo deve ser colocado. Estabeleça a postura de *Ashibumi* (*Fig. 12*) e de *Dozukuri*. Há duas maneiras de adotar a postura (*Fig. 13a-b*): nº 1 – Mantenha os olhos no alvo e estenda o pé esquerdo meio passo à esquerda, ao longo da linha do alvo. Mova o pé direito até o pé esquerdo e, sem deslocar o peso, leve-o totalmente à direita (*como se estivesse abrindo um leque japonês*). Durante este movimento, conserve os olhos no alvo e não nos pés. Estabeleça o ângulo de 60 graus. nº 2 – Mantenha os olhos no alvo e estenda o pé esquerdo meio passo à esquerda, ao longo da linha do alvo. Olhe de relance (*conserve a cabeça erguida*) para o pé direito e estenda-o meio passo à direita, na direção oposta. Estabeleça o ângulo de 60 graus. O procedimento a seguir é idêntico ao de *Hassetsu* básico, exceto entre cada disparo da flecha. *Yatsugae* é feito na posição ajoelhada. Recue um pouco com o pé direito e coloque o pé esquerdo paralelo ao pé direito (*Fig. 24b*). Adote a posição de joelhos e arrume as flechas (*Yatsugae*). Depois de *Yudaoshi* do segundo disparo, volte-se para o alvo (*ver seqüência do giro*) (*Fig. 25b-c*). Recue até a área de aproximação. Curve-se em reverência e recue dois (2) passos. Isso encerra a seqüência.

A diferença de procedimento na seqüência formal está no início e no fim. Após adotar a postura inicial, passe para a posição de joelhos (*Fig. 8*). A reverência (*Ryu*) é feita na posição de joelhos (*Fig. 26*). Em seguida, levante-se e adote de novo a postura inicial. Avance até a área de tiro (*Sha-i*). Os movimentos restantes são os mesmos. No final, depois de recuar até a área de aproximação, adote a posição ajoelhada, curve-se em reverência e, em seguida, levante-se. Chegando à posição em pé, recue dois (2) passos. Isso encerra a seqüência.

Disparo em Grupo
Zasha – Três (3) Kyudoka disparando em três (3) alvos distintos

Há várias abordagens para esse tipo de disparo. A seqüência básica ou principal de movimentos e posturas de Hassetsu pode ser utilizada.

Três (3) *Kyudoka* ficam em pé na área de acesso, voltados para cada um dos alvos. O guia (*Oumae*) posiciona-se à direita. Ele conduz e lidera os demais a fim de que todos os movimentos estejam em harmonia. O processo completo de *Kyudo* estará desfeito caso os movimentos não forem executados harmoniosamente e com precisão. O guia precisa ser sensível aos outros e conduzi-los harmoniosamente. *Nakadachi* (*atirador do meio*) e *Ochi* (*atirador âncora*) também devem estar atentos ao guia e têm de antecipar cada um dos seus movimentos.

Os três devem curvar-se, em sinal de reverência (*Ryu*) e, juntos, caminhar em direção à área de tiro. Cada movimento tem de ser cuidadosamente planejado para que se mantenha a uniformidade, de modo preciso e gracioso. Durante a próxima seqüência – ajoelhar-se, girar e preparar as flechas –, a postura e os movimentos são idênticos aos do disparo principal e individual, exceto pelo fato de serem executados todos ao mesmo tempo. No disparo em grupo, o guia levanta-se primeiro, enquanto os outros permanecem na postura de joelhos (*Kiza*). Quando o guia estiver posicionando a mão enluvada (*Torikake*), *Nakadachi* (*atirador do meio*) levanta-se e adota as posturas *Ashibumi* e *Dozukuri*. *Ochi* (*atirador âncora*) levanta-se e executa a mesma seqüência. *Oumae* prossegue, completando os estágios do disparo. *Nakadachi* não deve acompanhar o guia e, antes de executar *Monomi* e *Torikake*, deve aguardar que *Oumae* dê início a *Daisan*. Do mesmo modo, *Ochi* deve proceder em relação a *Nakadachi*. Quando o guia conclui o disparo da primeira flecha, a posição de joelhos é novamente adotada. *Yatsugae* não tem início antes que se ouça o som do disparo de *Nakadachi*. *Nakadachi* prossegue, completando os estágios do disparo e, do mesmo modo, adota, depois de ter concluído, a postura de joelhos. Depois do som do disparo de *Ochi*, inicia-se *Yatsugae*, enquanto *Oumae* põe-se de pé a fim de preparar-se para os estágios do disparo da segunda flecha. A sincronicidade de todos os movimentos deve ser altamente precisa e o procedimento quanto ao disparo da segunda flecha é exatamente idêntico ao utilizado para a primeira. Depois de concluir o segundo disparo, *Oumae* executa o giro (*Fig. 25*), recua até a área de partida, curva-se em reverência e dirige-se para a aljava. O arco é depositado no porta-arcos e a luva é retirada, estando assim pronto para fazer o papel de *Yatori* (*aquele que recupera a flecha*). Os outros prosseguem até concluir seus disparos. Quando os três (3) disparos forem concluídos, *Nakadachi* assume a posição de *Oumae*, dando seqüência ao ciclo. Se houver, porém, outros participantes, várias substituições rotativas são utilizadas. Outros métodos de finalização também são utilizados nesses casos.*

No processo mais formal, comece por ajoelhar-se a partir da postura de acesso, curve-se em reverência (*Ryu*) e, harmoniosamente, levante-se (*Fig. 27*) até a postura de acesso. No final, porém, cada um adota a postura de joelhos na área de acesso. Quando os três (3) *Kyudoka* estiverem alinhados, fizerem a reverência e se erguerem ao mesmo tempo, recuam dois (2) passos para concluir a seqüência.

Embora não seja prescrito, é aconselhável utilizar um procedimento *Reigi* (*Etiqueta*) no início de cada disparo em grupo. Os participantes permanecem de pé, formando um círculo e voltados uns para os outros, num local afastado da área de acesso. Os arcos e as flechas (com as penas voltadas para baixo) são empunhados verticalmente em relação ao solo ou as flechas são empunhadas com a mão enluvada nos quadris. Em agradecimento, cada um reverencia os demais e, em fila e alinhados, todos marcham na direção da área de acesso, com o arco e as flechas apoiados nos quadris (como na postura de acesso).

HITOTSU MATO – *Três (3) Kyudoka disparando em um (1) alvo – Zasha (Seqüência na postura sentada)*

O guia (*Oumae*) fica à direita. Do mesmo modo que no outro disparo em grupo, *Oumae* deve ser sensível ao fato de conduzir os demais em uníssono. Os outros, por sua vez, têm de estar atentos a cada movimento executado pelo guia.

Alinhe-se ao longo da área de acesso, voltado para a área do alvo. Adote a postura de acesso. Curve-se, em reverência, junto com os demais. Ao mesmo tempo, todos se dirigem para a área do disparo (*Sha-i*).

Na aproximação mais formal, ao mesmo tempo todos se ajoelham, fazem a reverência, levantam-se e executam a aproximação.

A seqüência de movimentos que conduzem a *Yatsugae* é idêntica à do primeiro tipo de disparo em grupo. O guia se levanta e prepara-se para disparar no alvo. Os demais permanecem na posição de *Yugamae* (*Fig. 10f*), ajoelhados. Quando o guia está em *Zanshin* e inicia *Yudaoshi*, *Nakadachi* leva a mão enluvada à área do entalhe. Quando *Oumae* desvia a cabeça do alvo, *Nakadachi* ergue-se sobre os joelhos (*primeira fase do processo de levantar-se*). Quando o guia começa a girar e a voltar-se para o alvo, *Nakadachi* dobra o joelho esquerdo (*segunda fase do processo de levantar-se*). À medida que o pé esquerdo é posicionado para completar o giro, *Nakadachi* se levanta. O guia começa a recuar, ao mesmo tempo que *Nakadachi* avança para o local do disparo. Depois que o movimento de recuo estiver concluído, o líder ajoelha-se e passa a preparar a segunda flecha, seguindo o procedimento adequado. Nesse meio tempo, *Nakadachi* assume *Ashibumi* e passa para os estágios do disparo. *Ochi* permanece na posição de joelhos durante todos esses movimentos, até *Nakadashi* completar o disparo. Os movimentos seguintes, entre o segundo e o terceiro *Kyudoka*, são idênticos aos executados na relação entre o primeiro e o segundo *Kyudoka*. *Oumae*, que está aguardando atrás, não se movimenta em uníssono até que *Ochi* se posicione sobre os joelhos e a cabeça de

* Ver Texto Suplementar (página 166).

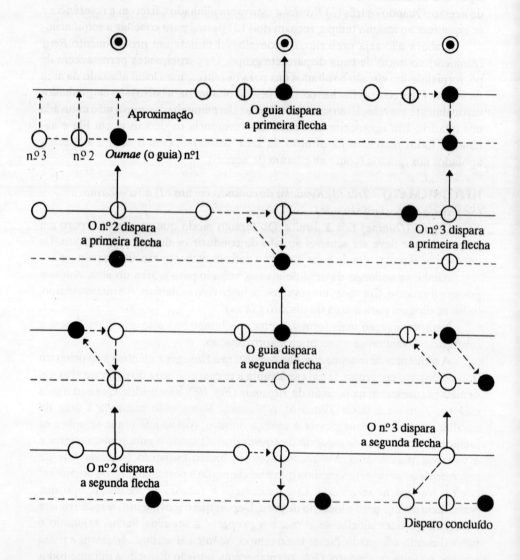

56

Nakadachi for desviada da área do alvo, em *Yudaoshi*. Todos se movimentam em uníssono até suas respectivas posições no triângulo.

Oumae avança em diagonal até a área de preparação. *Nakadachi* recua até a área de espera. *Ochi* avança até a área de disparo. O primeiro e o segundo ajoelham-se ao mesmo tempo. *Oumae* fez um giro à direita e começa a preparar o arco para o segundo disparo enquanto *Nakadachi* altera o modo de empunhar a flecha a fim de prepará-la para a colocação adequada. Nesse meio tempo, *Ochi* inicia os movimentos de preparação para o disparo da primeira flecha. Os movimentos são repetidos no disparo da segunda rodada. Concluído o segundo disparo, o guia recua até a área de acesso à direita do centro, onde a postura de aproximação é adotada. Os outros unem-se ao guia após concluir o segundo disparo. *Nakadachi* ocupa a posição central e *Ochi* posiciona-se à esquerda do centro. Quando todos os três estão posicionados, curvam-se, ao mesmo tempo, em reverência (*Ryu*) e recuam dois (2) passos. A seqüência está completa.

No procedimento mais formal, os dois primeiros *Kyudoka* permanecem na posição de joelhos até o terceiro *Kyudoka* passar para a posição de joelhos à esquerda deles. É importante que todos os três terminem em linha reta a fim de concluir um belo ciclo. Para que isso ocorra, *Kyudoka* deve estar atento a distância de seu recuo (*aproximadamente meio (1/2) corpo de distância da pessoa ajoelhada*) a fim de que, ao ajoelhar-se, o movimento para a frente deixe os joelhos exatamente alinhados com os demais. Quando os três *Kyudoka* estão alinhados, curvam-se em reverência, levantam-se e recuam, ao mesmo tempo, dois (2) passos.

Reigi Saho
Etiqueta, Decoro, Conduta

ETIQUETA
Reigi

- *Gassho* (*unir as mãos, como numa oração*). Um gesto de cumprimento e respeito antes de entrar e deixar Dojo.
- Deixar os chinelos do lado de fora da porta de entrada, com as pontas nitidamente voltadas para fora.
- Procedimento durante o aprendizado.
  Início – sente-se (*Seiza*) em linha reta (alinhado com a primeira pessoa à esquerda), voltado para o altar e atrás do instrutor. Siga o instrutor e, juntamente com ele, curve-se em reverência ao altar, em gratidão e respeito por Dojo.
  O instrutor volta-se de frente para os estudantes. Junto com ele, curve-se em reverência, em cumprimento e respeito mútuo.
  Final – procedimento idêntico ao do início. Agradeça ao instrutor por compartilhar seu conhecimento e seu tempo.
- Não volte as costas para os ouvintes ou companheiros de treinamento (na seqüência do giro, ao ir buscar as flechas, etc.).
- A luva (*Yugake*).
  Sente-se (*Seiza*) ou ajoelhe-se todas as vezes durante o processo de colocar ou retirar a luva. Segure a luva com as duas mãos e erga-a, num gesto de gratidão, antes de colocá-la. Proceda com calma.

DECORO *(Modo de se apresentar)*
- Asseado e apresentável.
- Roupas de treinamento.
  Parte superior – *Keiko Gi* *(roupa de treinamento)*.
  Parte inferior – *Hakama*.
  Haramaki (cinto de Hara).
  Tabi.

CONDUTA *(Padrão de comportamento)*
- Conserve, o tempo todo, forte *Kiai*.
- Mova-se com dignidade.
- Seja qual for a situação, mantenha-se calmo.
- Esteja atento e sensível às necessidades dos outros.
- Seja cuidadoso quanto à manutenção do equipamento, de *Dojo* e das suas áreas circunvizinhas.
- Não fume em *Dojo*.
- Não coma ou beba em *Dojo*, exceto nos locais a isso destinados.
- Durante o treinamento, não provoque conversas inúteis.
- Não desperdice o tempo, mas também não se apresse.
- Não saia de *Dojo* sem a permissão do instrutor.
- Não se ofenda nem tenha qualquer mágoa com alguém quando escolhido para alguma tarefa difícil ou desagradável ou quando censurado ou advertido. Ao contrário, agradeça pela consideração.
- Se a corda do arco se romper, enrole-a cuidadosamente e coloque-a sobre o altar.

AJOELHAR-SE E SENTAR-SE *(com o arco) (Fig. 8)*
Para ajoelhar-se a partir da posição em pé *(postura de aproximação)*, mova o pé direito para trás, a uma distância de meio pé, sem erguer o calcanhar. Com o peso sobre ambos os pés, comece a dobrar, vagarosamente, os joelhos até tocar o solo com o joelho direito. Mova o joelho direito para a frente, lentamente, ao longo do joelho esquerdo e assente ligeiramente as nádegas sobre os calcanhares a fim de completar a posição de joelhos. O movimento deve ser suave e contínuo. As costas devem estar, o tempo todo, aprumadas e eretas e a posição dos braços tem de ser mantida. A extremidade do arco deve deslizar ao longo do solo durante o processo de ajoelhar-se. Os dois pés, vistos de trás, têm de estar tocando os calcanhares. O peso está sobre os artelhos. Não se sente, simplesmente deixe o peso cair de leve sobre os calcanhares, erguendo as costas ao longo da espinha. Para sentar-se, separe os artelhos e adote a posição *Seiza*.

LEVANTAR-SE *(Erguer-se a partir da posição ajoelhada) (Fig. 27)*
Para levantar-se a partir da posição ajoelhada, aprume as nádegas, desloque o peso sobre os joelhos e deslize a extremidade do arco para a frente, ao longo do solo. Erga o joelho esquerdo, movendo o pé esquerdo levemente para a frente. O ângulo formado no joelho, entre a parte superior e inferior da perna, não deve ser maior que 45 graus. Mantenha a posição do braço e do arco. Colocando o peso

sobre os dois pés, levante-se. O pé direito deve ser levado à sua posição deslizando-o ao longo do pé esquerdo à medida que a posição em pé estiver sendo concluída. As costas devem estar aprumadas e mantidas eretas o tempo todo. O ato de levantar-se é executado em três (3) movimentos.

Para levantar-se em *Zasha* (*Fig. 11*), os movimentos da perna são os mesmos. Mantenha a posição do braço ao erguer-se sobre os joelhos. Mova os braços para cima e para a frente simultaneamente aos movimentos de erguimento para que o movimento não seja perceptível.

GIRAR *(Para a direita e para a esquerda a partir da posição de joelhos) (Fig. 9)*

Para girar à direita a partir da posição de joelhos, aprume as nádegas e levante-se sobre os joelhos. Mantendo a postura e a posição dos braços e das mãos sobre os quadris, erga a extremidade do arco até a altura do olho. Levante ligeiramente o joelho esquerdo e afaste o pé esquerdo para o lado, colocando a perna num ângulo reto. Deslize o pé direito para a esquerda, em linha com o pé esquerdo, usando, como eixo, o joelho direito. A postura deve ser mantida a fim de conservar a extremidade do arco para cima, na altura dos olhos. Abaixe as nádegas ligeiramente até os calcanhares, praticamente ao mesmo tempo que o giro estiver sendo concluído. Isso é executado em três (3) movimentos contínuos. Para mover-se à esquerda, inverta o procedimento.

REVERÊNCIA (Rei) *(Posição sentada sem arco e flecha) (Fig. 31)*

A reverência é feita a partir da posição *Seiza*. As mãos são colocadas com as palmas voltadas para baixo sobre as coxas. A reverência é feita a partir da cintura. Não dobre o pescoço e mantenha as costas eretas. As pontas dos dedos das mãos devem voltar-se para dentro, num ângulo diante do corpo, quando a reverência estiver concluída. O rosto deve estar próximo do solo. Durante a reverência, as mãos têm de deslizar, naturalmente, para a frente a partir das coxas, devido ao movimento de inclinação, e não a partir do movimento do braço. Do mesmo modo, o movimento é executado no sentido contrário ao retornar à posição *Seiza*.

REVERÊNCIA (Ryu) *(a partir da posição de joelhos e da posição Seiza)*
(Fig. 26-26A)

Curve-se levemente a partir dos quadris (*como se estivesse de pé*) sem alterar nenhum outro elemento da postura e mantendo as costas aprumadas e eretas.

Ryu mais formal é executado a partir da posição *Seiza*. Curve-se a partir dos quadris, mantendo as costas aprumadas. Deixe a mão enluvada deslizar para baixo e para a frente, naturalmente, tal como em *Rei*.

GIRO *(à direita e à esquerda ao caminhar para a frente ou para trás) (Fig. 32)*

Para girar à direita durante o caminhar, coloque o pé direito ao lado do pé esquerdo e, sem deslocar o peso, gire o pé direito num ângulo reto, avance com o pé direito na direção pretendida. Para dirigir-se à esquerda, inverta o procedimento. (*Fig. 32a*)

Para girar à direita enquanto se estiver recuando, dê um passo para trás com o pé direito e, em seguida, faça o mesmo com o pé esquerdo, girando-o num ângulo reto ao redor das costas do pé direito. Continue a recuar com o pé direito na direção em que se fez o giro, ou seja, à direita. Para girar à esquerda, inverta o procedimento. (*Fig. 32b*)

GIRO *(90 graus e 180 graus à direita e à esquerda estando em pé)* *(Fig. 32A)*

Para girar 90 graus à esquerda, coloque o pé direito em ângulo reto diante do pé esquerdo e coloque o pé esquerdo ao lado do pé direito. Para girar à direita, inverta o procedimento. (*Fig. 32a*)

Para girar 180 graus, coloque o pé direito em ângulo reto diante do pé esquerdo. Em seguida, coloque o pé esquerdo em ângulo reto nas costas do pé direito. No último movimento, traga o pé direito ao lado do pé esquerdo (*Fig. 32Ab*). Para girar à direita, inverta o procedimento.

CAMINHAR *(Fig. 33)*

Caminhar corretamente determina o estágio e *Kiai* de todo o processo; portanto, deve-se dar a isso uma atenção especial. Cada passo deve ser dado tendo-se, como foco, *Hara*. Isso significa que o corpo deve estar ereto, sem balançar a cada passo. Os passos são rítmicos e precisos, em nítida cadência (*como em Noh*). O calcanhar não deve ser erguido ao avançar ou recuar um passo. O movimento tem de ser um deslizamento uniforme com a ponta do artelho erguendo-se um pouco (*não dobre os artelhos deliberadamente*). Ao dar um passo, o peso deve ser deslocado para o pé oposto. A extensão e a velocidade do passo variam conforme o caso, mas nunca é demasiadamente amplo ou rápido. Os passos são mais curtos para trás do que para a frente.

Mushin

FIG. 1   POSTURA DE APROXIMAÇÃO   FIG. 2   RYU (Reverência)

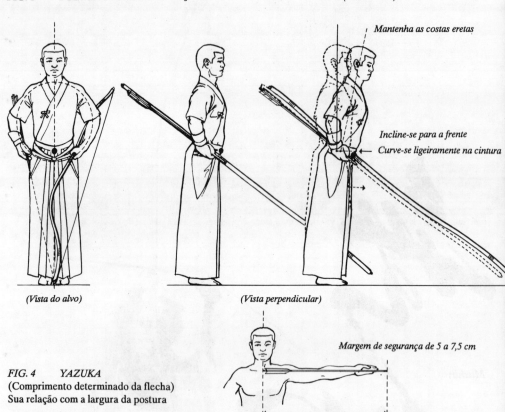

(Vista do alvo)   *(Vista perpendicular)*

Mantenha as costas eretas

Incline-se para a frente
Curve-se ligeiramente na cintura

FIG. 4   YAZUKA
(Comprimento determinado da flecha)
Sua relação com a largura da postura

DIREÇÃO DA VISTA

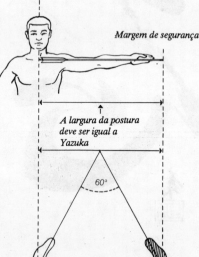

Margem de segurança de 5 a 7,5 cm

A largura da postura deve ser igual a Yazuka

64

ESTÁGIO I **ASHIBUMI** – Dar um passo ou caminhar
Para formar uma postura de base (*Kamae*)

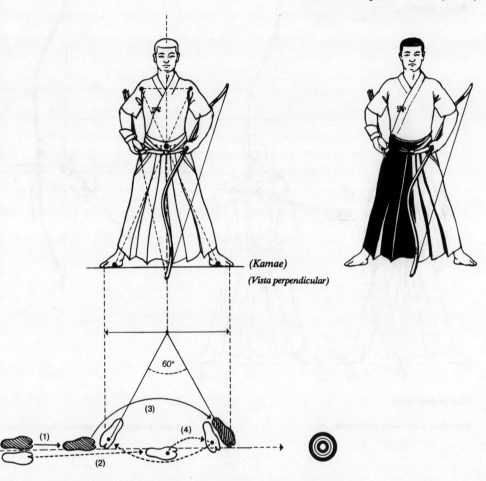

FIG. 3 PASSO DE APROXIMAÇÃO/ASHIBUMI
Seqüência regular de disparo – Rissha (Seqüência em pé)

FIG. 5   YATSUGAE (Colocação da flecha)
Seqüência regular de disparo
– Rissha (Seqüência em pé)

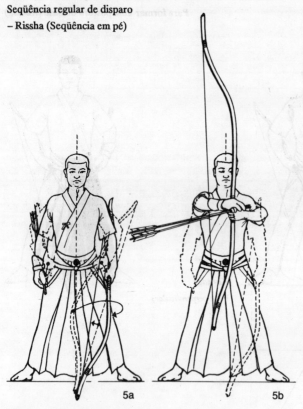

(Vista perpendicular)

Arrumando o arco para a colocação   *Colocando e encaixando a primeira flecha (Haya)*

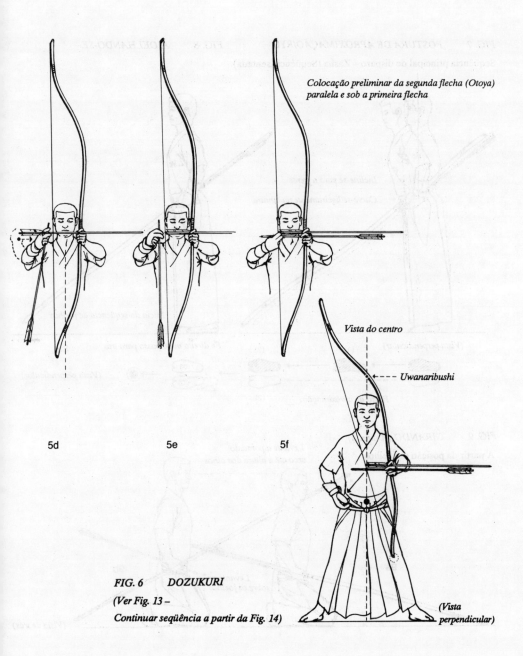

Colocação preliminar da segunda flecha (Otoya) paralela e sob a primeira flecha

5d 5e 5f

Vista do centro

←---- *Uwanaribushi*

FIG. 6 DOZUKURI
(Ver Fig. 13 –
Continuar seqüência a partir da Fig. 14)

(Vista perpendicular)

67

FIG. 7   POSTURA DE APROXIMAÇÃO/RYU   *FIG. 8   AJOELHANDO-SE*

Seqüência principal de disparo – Zasha (Seqüência sentada)

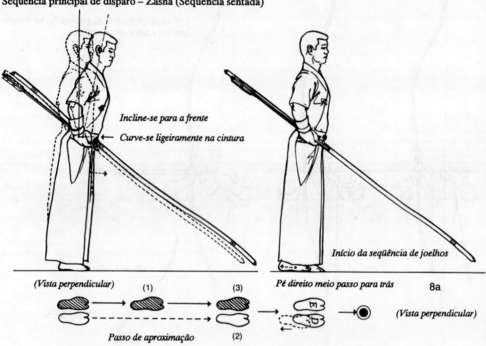

FIG. 9   GIRANDO (À direita)

A partir da posição de joelhos

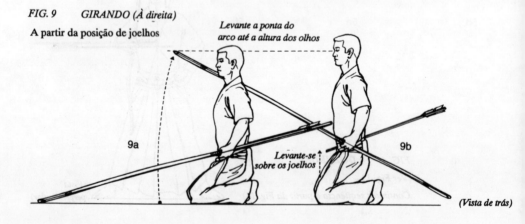

Deslize a ponta do arco ao longo do solo na seqüência de joelhos

O joelho direito deve chegar ao chão e nele pousar ao mesmo tempo que o joelho esquerdo, num único movimento contínuo. Comece a mover o joelho direito para a frente assim que ele tocar o solo.

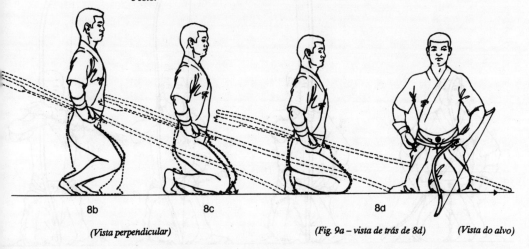

8b   8c   8d

(Vista perpendicular)   *(Fig. 9a – vista de trás de 8d)*   *(Vista do alvo)*

Fixe o olhar na ponta do arco para mantê-lo na altura dos olhos.   *(Fig. 10a – vista perpendicular de 9e)*

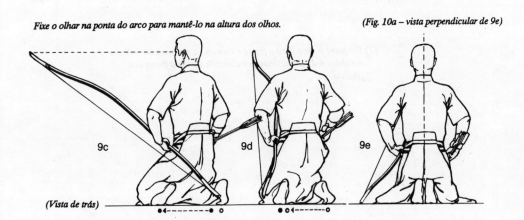

9c   9d   9e

(Vista de trás)

FIG. 10   YATSUGAE

**Seqüência principal de disparo
– Zasha (Seqüência sentada)**

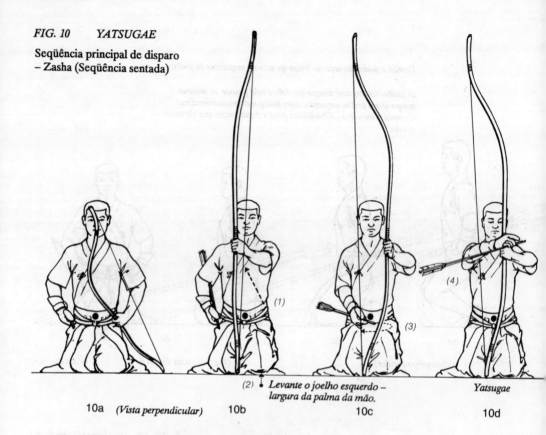

(2) Levante o joelho esquerdo –
largura da palma da mão.

10a   *(Vista perpendicular)*   10b   10c   Yatsugae   10d

*(1) Empurre o arco para a frente e coloque a extremidade inferior
no chão, à direita do centro e cerca de 10 cm à frente dos
joelhos.*

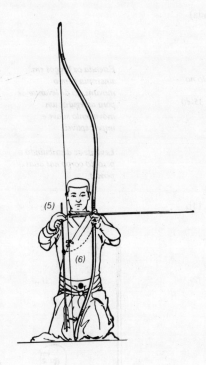

10e

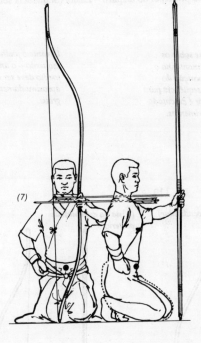

10f *(Vista da extremidade posterior)*

(5) Coloque a segunda flecha paralela à corda do arco e observe o olho da junta da flecha.

(6) Coloque a segunda flecha paralela e sob a primeira flecha – pena à esquerda.

(7) A cava da pena deve encaixar-se na haste da primeira flecha.

FIG. 11   LEVANTANDO-SE
Seqüência principal de disparo – Zasha (Seqüência sentada)

Levante-se sobre os joelhos e mantenha o nível da posição do braço. A seqüência para se levantar é executada em 3 movimentos.

Levante o joelho esquerdo – o ângulo no joelho deve ser de aproximadamente 35-40 graus.

Estenda os braços em sincronia com o movimento de levantar-se para assegurar um movimento suave e imperceptível.

Levante-se distribuindo o peso do corpo nas duas pernas.

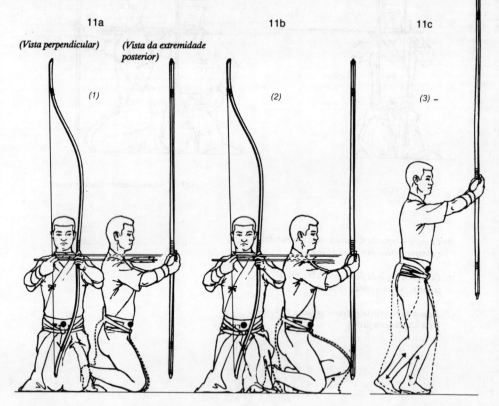

72

FIG. 12   ASHIBUMI/DOZUKURI

(Ver Fig. 13)

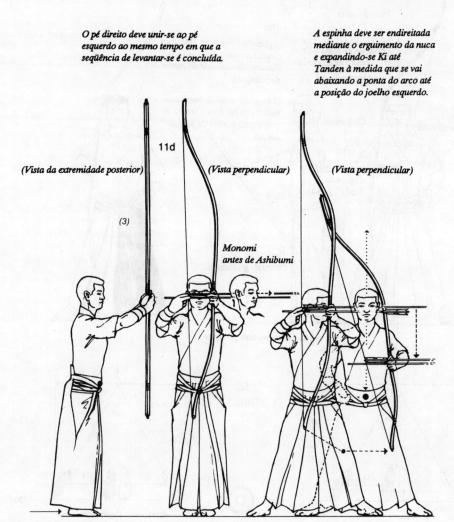

O pé direito deve unir-se ao pé esquerdo ao mesmo tempo em que a seqüência de levantar-se é concluída.

A espinha deve ser endireitada mediante o erguimento da nuca e expandindo-se Ki até Tanden à medida que se vai abaixando a ponta do arco até a posição do joelho esquerdo.

11d

(Vista da extremidade posterior)   *(Vista perpendicular)*   *(Vista perpendicular)*

(3)

Monomi antes de Ashibumi

FIG. 13   ASHIBUMI/DOZUKURI   **ESTÁGIO II   DOZUKURI – Endireitando o torso**

Seqüência principal de disparo – Zasha

Para formar uma sólida postura de base

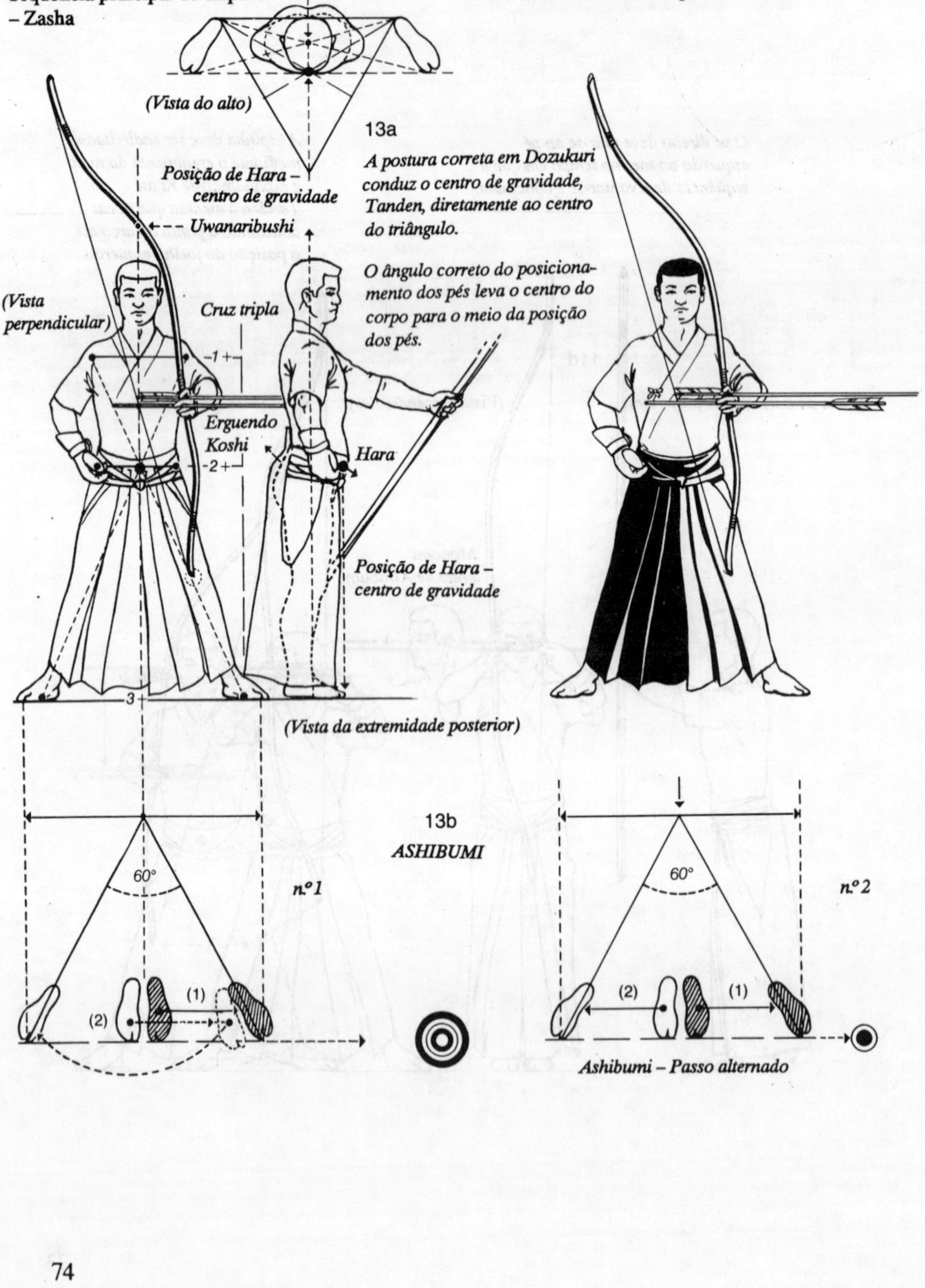

(Vista do alto)

13a

Posição de Hara – centro de gravidade

Uwanaribushi

(Vista perpendicular)

Cruz tripla
−1+

Erguendo Koshi
−2+

Hara

A postura correta em Dozukuri conduz o centro de gravidade, Tanden, diretamente ao centro do triângulo.

O ângulo correto do posicionamento dos pés leva o centro do corpo para o meio da posição dos pés.

Posição de Hara – centro de gravidade

(Vista da extremidade posterior)

13b
ASHIBUMI

60°   n° 1

(2) (1)

60°   n° 2

(2) (1)

Ashibumi – Passo alternado

FIG. 14 KAMAE (Posição de preparar para atirar)

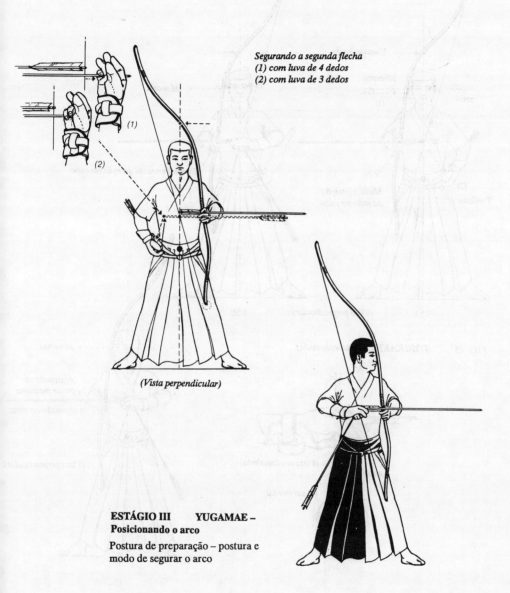

Segurando a segunda flecha
(1) com luva de 4 dedos
(2) com luva de 3 dedos

(Vista perpendicular)

ESTÁGIO III   YUGAMAE –
Posicionando o arco

Postura de preparação – postura e modo de segurar o arco

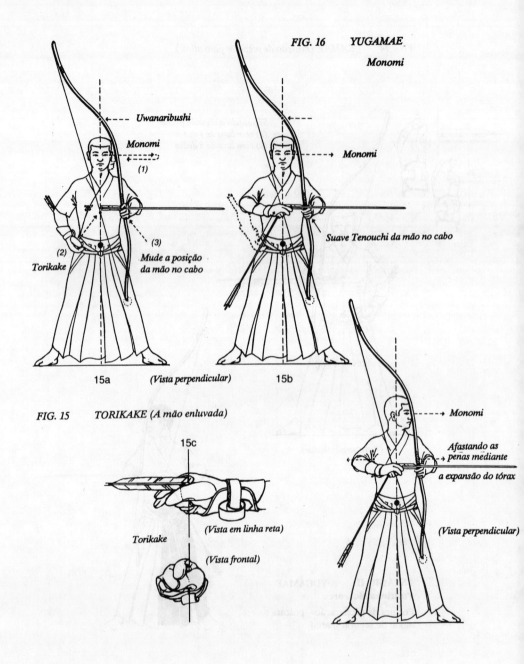

FIG. 16 YUGAMAE
Monomi

FIG. 15 TORIKAKE (A mão enluvada)

ESTÁGIO IV   UCHIOKOSHI – Erguendo o arco

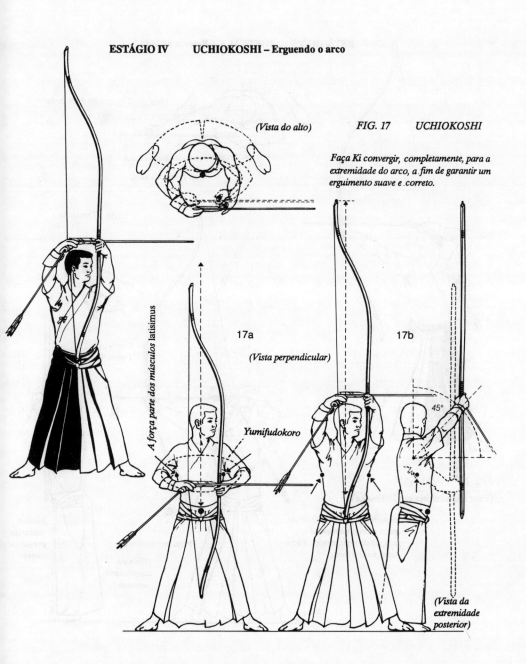

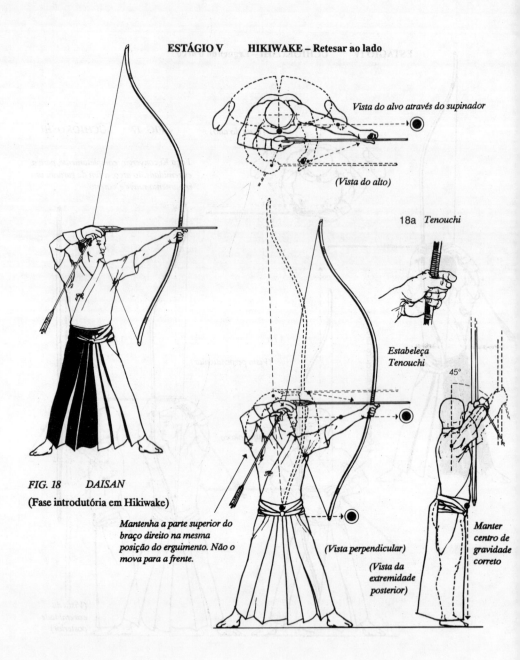

ESTÁGIO V   HIKIWAKE – Retesar ao lado

FIG. 18   DAISAN
(Fase introdutória em Hikiwake)

Mantenha a parte superior do braço direito na mesma posição do erguimento. Não o mova para a frente.

Vista do alvo através do supinador

(Vista do alto)

18a Tenouchi

Estabeleça Tenouchi

45°

Manter centro de gravidade correto

(Vista perpendicular)
(Vista da extremidade posterior)

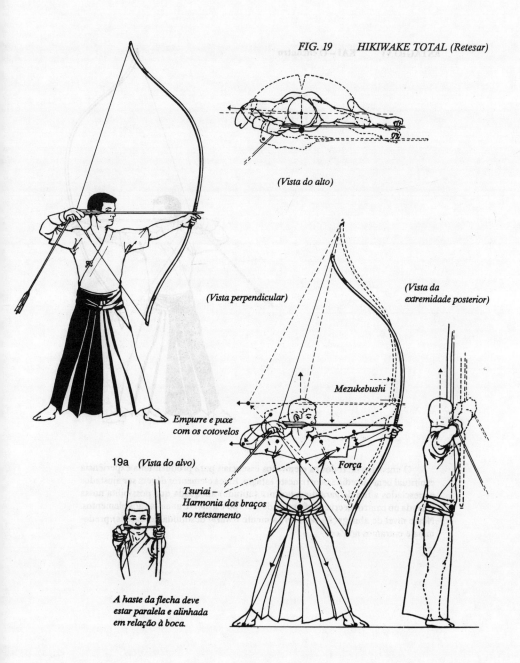

FIG. 19   HIKIWAKE TOTAL (Retesar)

(Vista do alto)

(Vista perpendicular)

(Vista da extremidade posterior)

Mezukebushi

Empurre e puxe com os cotovelos

Força

19a   (Vista do alvo)

Tsuriai – Harmonia dos braços no retesamento

A haste da flecha deve estar paralela e alinhada em relação à boca.

ESTÁGIO VI   **KAI – O encontro**

O encontro de todos os elementos essenciais para produzir uma experiência espiritual bem-sucedida ocorre neste estágio. Esses elementos devem ser ajustados e mesclados a fim de garantir a postura (atitude) adequada que possibilita nossa entrada no centro da cruz perfeita, onde o corpo e a mente unem-se aos elementos. Nesse nível de abnegação, *Mushin* (a mente natural destituída de ilusões) predomina e entramos no *Zen*.

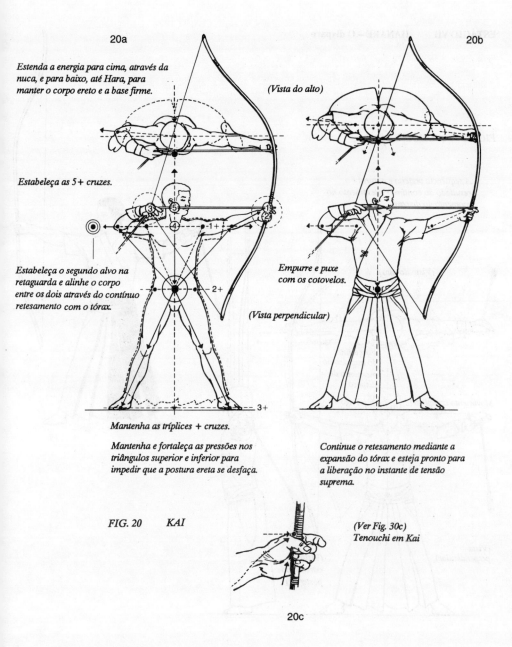

FIG. 20 KAI

ESTÁGIO VII   HANARE – O disparo

FIG. 21   HANARE

A seqüência perfeita e natural é o resultado do contínuo retesamento no momento do disparo.

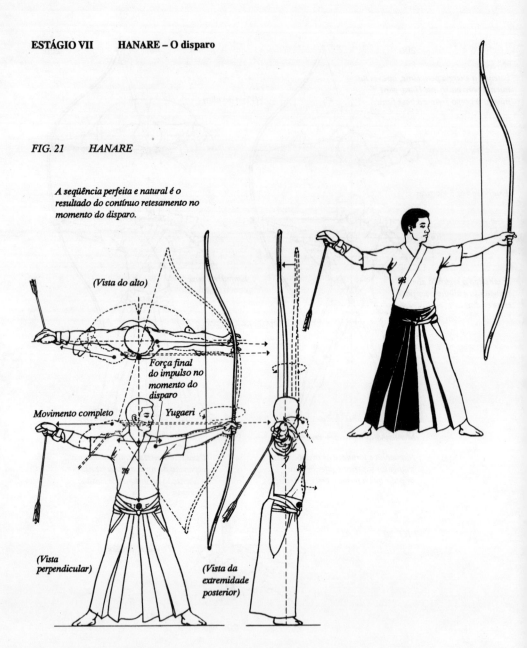

ESTÁGIO VIII   ZANSHIN – O coração ou a mente que permanece
(A mente sempre deve estar atenta e nunca hesitar no final)

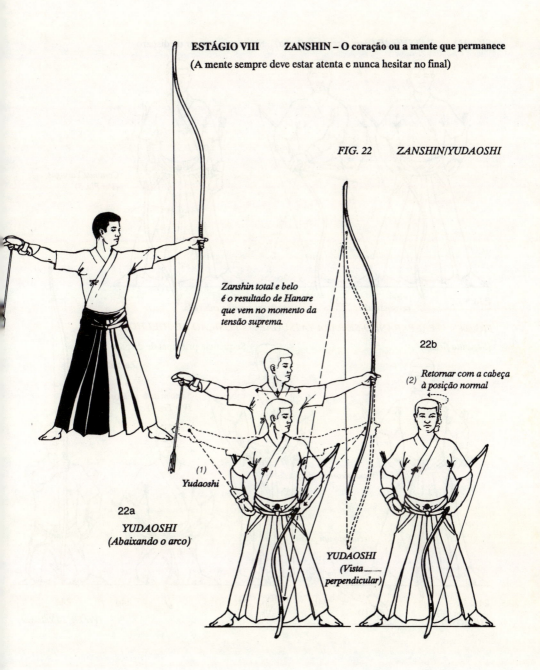

FIG. 22   ZANSHIN/YUDAOSHI

83

FIG. 23 YATSUGAE *(Para a segunda flecha)* Seqüência regular de disparo

23a   *(Vista perpendicular)*   23b   *Mudando a posição da segunda flecha na mão enluvada.*   23c   *Continue Yatsugae (Ver Fig. 5)*

FIG. 24 PREPARANDO-SE PARA YATSUGAE NA POSIÇÃO DE JOELHOS

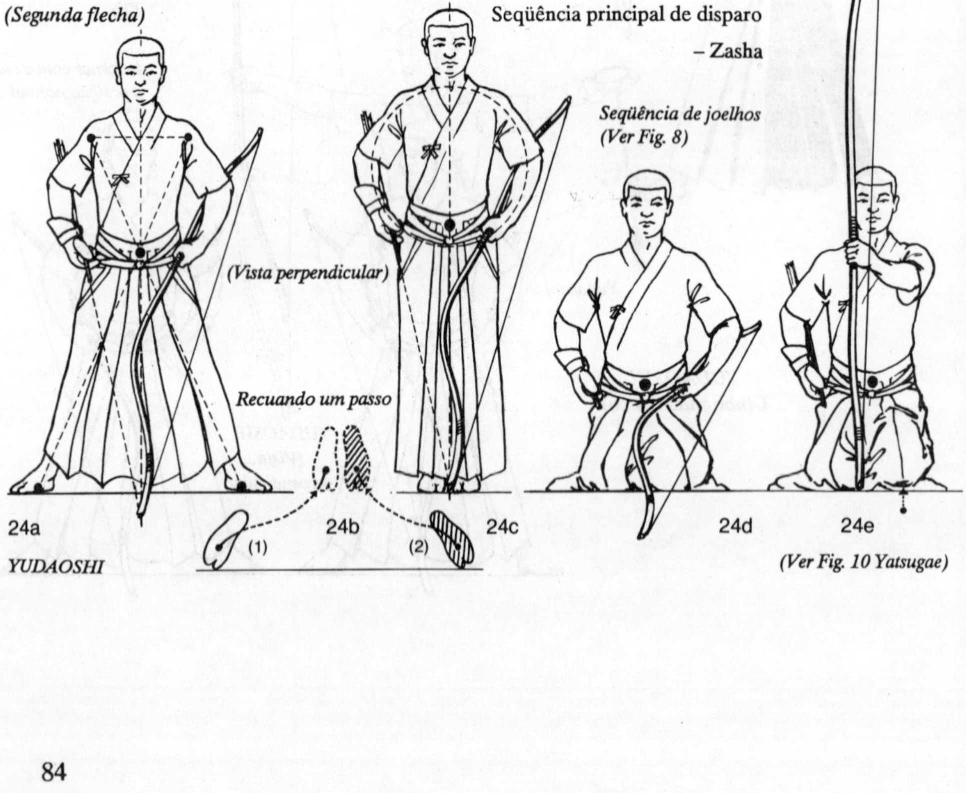

(Segunda flecha)   Seqüência principal de disparo – Zasha

(Vista perpendicular)

Recuando um passo

Seqüência de joelhos (Ver Fig. 8)

24a YUDAOSHI   (1)   24b   (2)   24c   24d   24e   *(Ver Fig. 10 Yatsugae)*

84

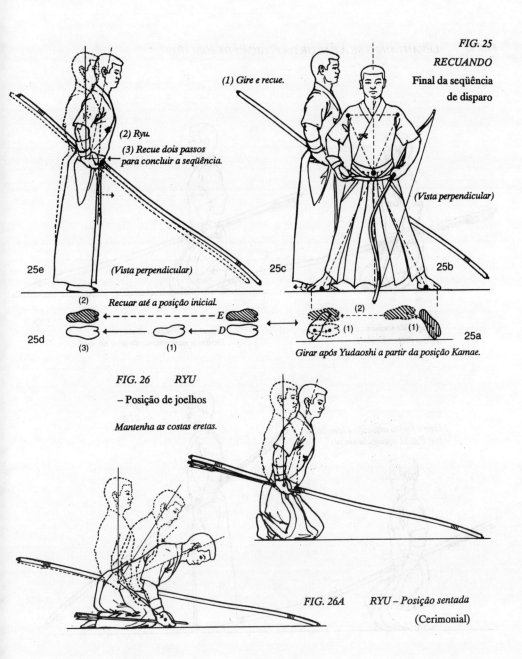

FIG. 27   LEVANTANDO-SE A PARTIR DA POSIÇÃO DE JOELHOS

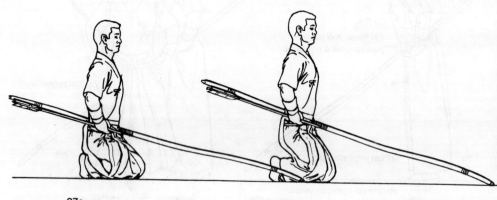

27a
Posição de joelhos
(Vista perpendicular)

27b
Erguer-se sobre os joelhos.
Deslize a extremidade do arco no solo.

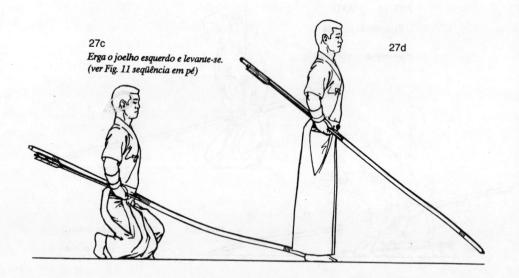

27c
Erga o joelho esquerdo e levante-se.
(ver Fig. 11 seqüência em pé)

27d

FIG. 28   POSTURA MU – Kiai Taihai
(Penetrando no mundo vazio
– livre das ilusões e da consciência de si)

Levante a mão enluvada acima da cabeça, apontando para o céu.

O Monomi é executado no mesmo ritmo e ao mesmo tempo.

(Vista perpendicular)

Retorne à posição Kamae (Ver Fig. 25)

FIG. 29   KAMAE

29a

29b   KAMAE (descansar)

FIG. 30   *TENOUCHI – A arte de empunhar o arco*

30a   *TENOUCHI – Em Yugamae*
Leve cabo de guarda-chuva

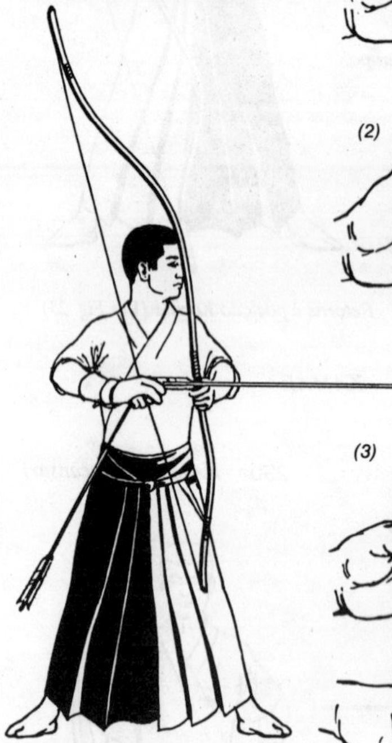

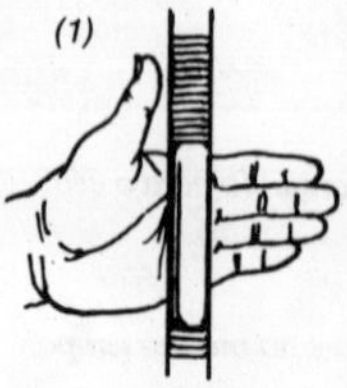

(1) Coloque a superfície plana e externa do arco, na empunhadura do arco, entre a linha da vida e a base dos dedos da mão esquerda.

(2) Agarre suavemente o arco com os últimos três dedos. As pontas dos dedos devem permanecer junto ao centro da empunhadura do arco.

(3) Coloque suavemente a ponta do polegar sobre a ponta do dedo médio, cobrindo parcialmente a unha desse dedo.

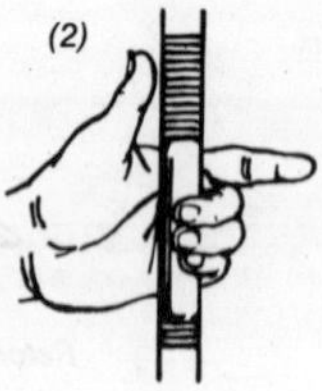

30b   *TENOUCHI – Em Daisan*
Tenouchi estabelece-se neste estágio

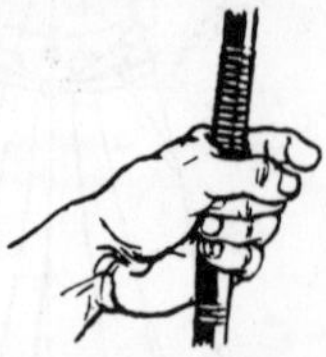

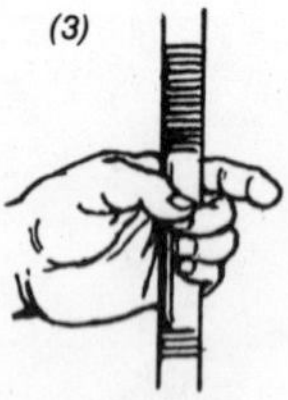

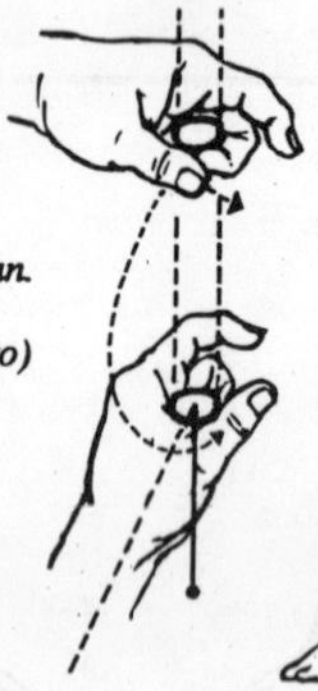

Movimento do polegar em Daisan.
(Vista do alto)

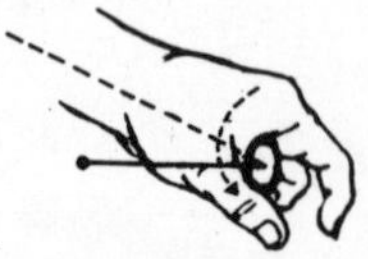

Ângulo da corda do arco em relação à linha do impulso da mão em Daisan.

(Vista do alto)

30c   *TENOUCHI – Em Kai*

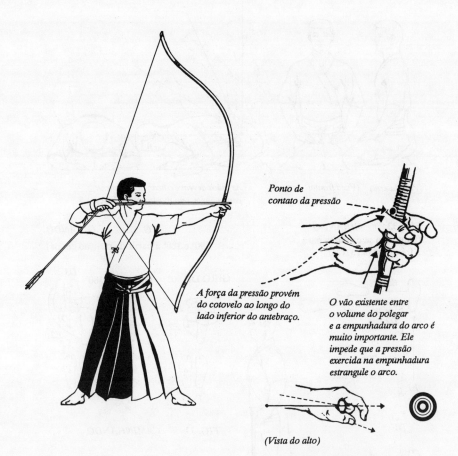

Ponto de contato da pressão

A força da pressão provém do cotovelo ao longo do lado inferior do antebraço.

O vão existente entre o volume do polegar e a empunhadura do arco é muito importante. Ele impede que a pressão exercida na empunhadura estrangule o arco.

(Vista do alto)

O ângulo da pressão torna-se menor em Kai de Tenouchi. Pressione o polegar continuamente para a frente e para a direita.

FIG. 31 *REI (Reverência)*
Posição sentada (Seiza), sem arco e flecha

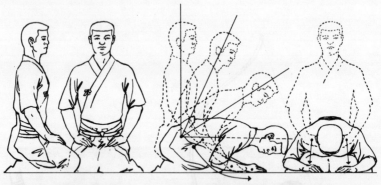

(Vista lateral) *(Vista frontal)* *As mãos devem deslizar, naturalmente, para a frente, sem movimentar o braço.*

FIG. 32 *GIRANDO*
(enquanto se caminha para a frente ou para trás)

32a
Para a frente

32b
Para trás

FIG. 32A *GIRANDO*
(90° e 180° a partir da posição em pé)

GIRO DE 90° GIRO DE 180°

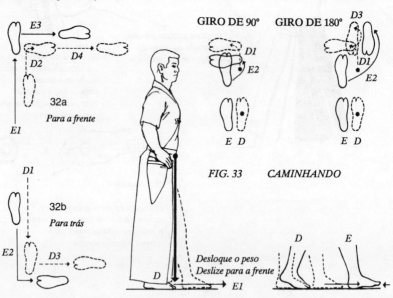

FIG. 33 *CAMINHANDO*

KATA E MOVIMENTOS SUPLEMENTARES
Posturas e movimentos utilizados nas seqüências de treinamento suplementares em Chozen-Ji

FIG. 34   O RETESAMENTO HEGI

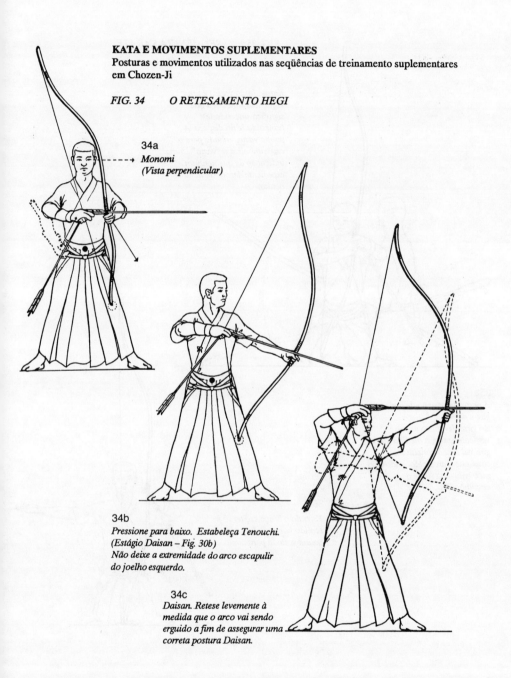

34a
Monomi
(Vista perpendicular)

34b
Pressione para baixo. Estabeleça Tenouchi.
(Estágio Daisan – Fig. 30b)
Não deixe a extremidade do arco escapulir do joelho esquerdo.

34c
Daisan. Retese levemente à medida que o arco vai sendo erguido a fim de assegurar uma correta postura Daisan.

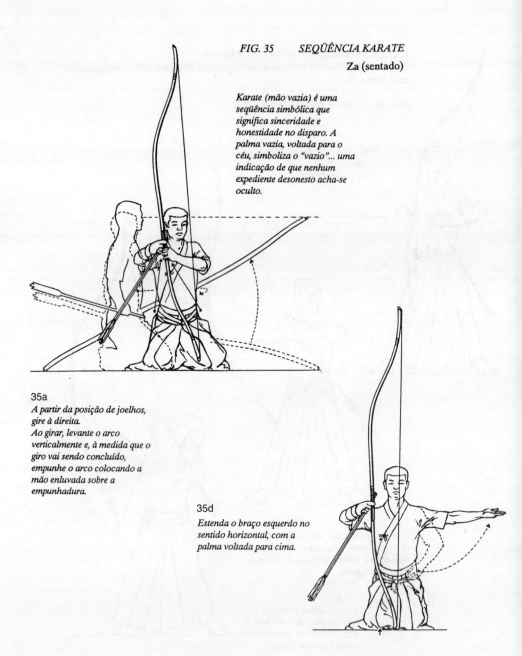

FIG. 35   *SEQÜÊNCIA KARATE*
Za (sentado)

Karate (mão vazia) é uma seqüência simbólica que significa sinceridade e honestidade no disparo. A palma vazia, voltada para o céu, simboliza o "vazio"... uma indicação de que nenhum expediente desonesto acha-se oculto.

35a
*A partir da posição de joelhos, gire à direita.
Ao girar, levante o arco verticalmente e, à medida que o giro vai sendo concluído, empunhe o arco colocando a mão enluvada sobre a empunhadura.*

35d
Estenda o braço esquerdo no sentido horizontal, com a palma voltada para cima.

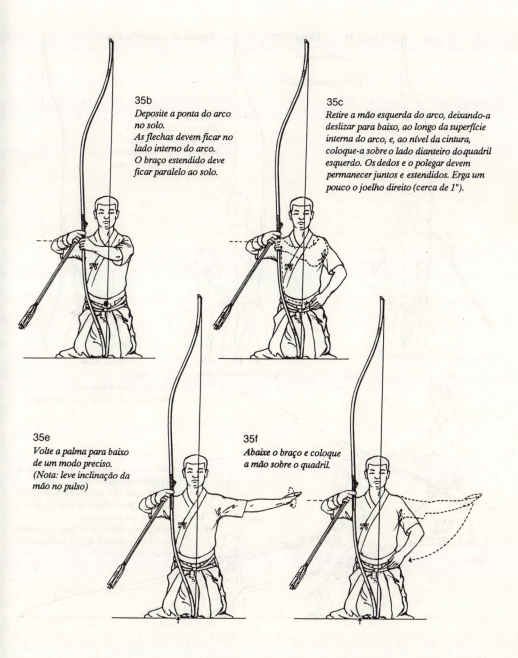

35b
Deposite a ponta do arco no solo.
As flechas devem ficar no lado interno do arco.
O braço estendido deve ficar paralelo ao solo.

35c
Retire a mão esquerda do arco, deixando-a deslizar para baixo, ao longo da superfície interna do arco, e, ao nível da cintura, coloque-a sobre o lado dianteiro do quadril esquerdo. Os dedos e o polegar devem permanecer juntos e estendidos. Erga um pouco o joelho direito (cerca de 1").

35e
Volte a palma para baixo de um modo preciso. (Nota: leve inclinação da mão no pulso)

35f
Abaixe o braço e coloque a mão sobre o quadril.

93

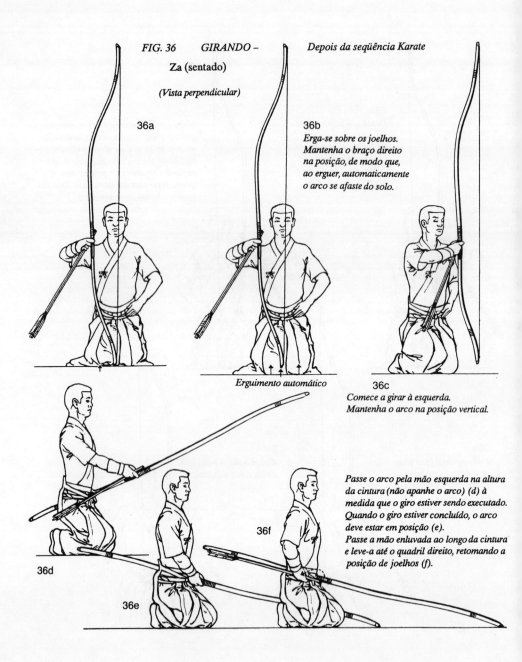

FIG. 36   GIRANDO –   Depois da seqüência Karate
Za (sentado)
(Vista perpendicular)

36a

36b
Erga-se sobre os joelhos. Mantenha o braço direito na posição, de modo que, ao erguer, automaticamente o arco se afaste do solo.

Erguimento automático

36c
Comece a girar à esquerda. Mantenha o arco na posição vertical.

36d

36e

36f

Passe o arco pela mão esquerda na altura da cintura (não apanhe o arco) (d) à medida que o giro estiver sendo executado. Quando o giro estiver concluído, o arco deve estar em posição (e).
Passe a mão enluvada ao longo da cintura e leve-a até o quadril direito, retomando a posição de joelhos (f).

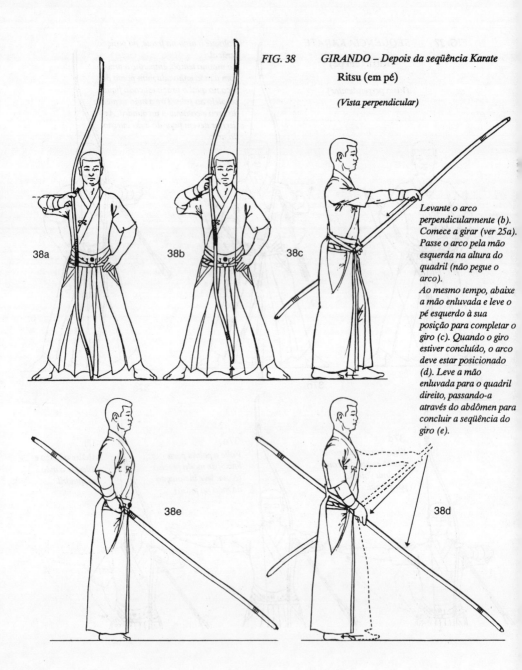

FIG. 38   *GIRANDO – Depois da seqüência Karate Ritsu (em pé)*

(Vista perpendicular)

Levante o arco perpendicularmente (b). Comece a girar (ver 25a). Passe o arco pela mão esquerda na altura do quadril (não pegue o arco).
Ao mesmo tempo, abaixe a mão enluvada e leve o pé esquerdo à sua posição para completar o giro (c). Quando o giro estiver concluído, o arco deve estar posicionado (d). Leve a mão enluvada para o quadril direito, passando-a através do abdômen para concluir a seqüência do giro (e).

FIG. 39   *YATSUGAE*
Seqüência alternada
(em pé)

(Vista perpendicular)

**Utilizada para Sharei
e após Karate em pé**

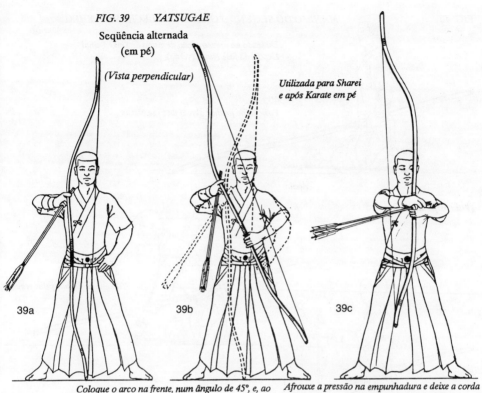

Coloque o arco na frente, num ângulo de 45°, e, ao mesmo tempo, segure a empunhadura do arco.

Afrouxe a pressão na empunhadura e deixe a corda girar à direita. Ao mesmo tempo, passe a mão enluvada por cima para apanhar a flecha no Yatsugae.

Yatsugae

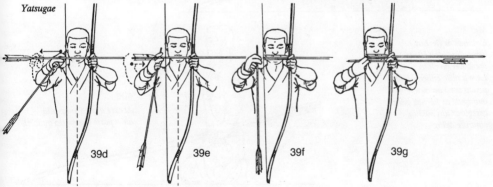

FIG. 40   MANEJO DO SEGUNDO GRUPO DE FLECHAS EM SHIKI

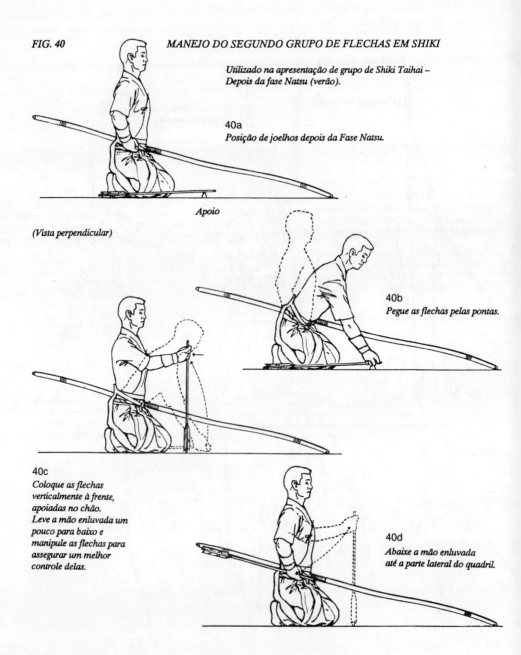

Utilizado na apresentação de grupo de Shiki Taihai – Depois da fase Natsu (verão).

40a
Posição de joelhos depois da Fase Natsu.

Apoio

(Vista perpendicular)

40b
Pegue as flechas pelas pontas.

40c
Coloque as flechas verticalmente à frente, apoiadas no chão. Leve a mão enluvada um pouco para baixo e manipule as flechas para assegurar um melhor controle delas.

40d
Abaixe a mão enluvada até a parte lateral do quadril.

FIG. 41   KAIZOE (O assistente ou ajudante do executante)

Auxiliar Shikisha com o segundo par de flechas em Shiki no Kiai Taihai (Apresentação individual)

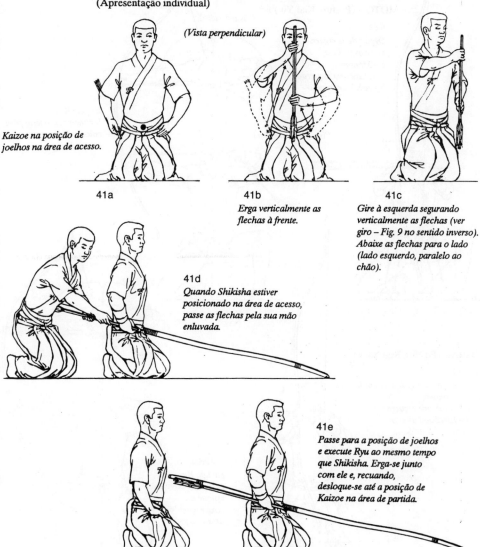

(Vista perpendicular)

Kaizoe na posição de joelhos na área de acesso.

41a

41b
Erga verticalmente as flechas à frente.

41c
Gire à esquerda segurando verticalmente as flechas (ver giro – Fig. 9 no sentido inverso). Abaixe as flechas para o lado (lado esquerdo, paralelo ao chão).

41d
Quando Shikisha estiver posicionado na área de acesso, passe as flechas pela sua mão enluvada.

41e
Passe para a posição de joelhos e execute Ryu ao mesmo tempo que Shikisha. Erga-se junto com ele e, recuando, desloque-se até a posição de Kaizoe na área de partida.

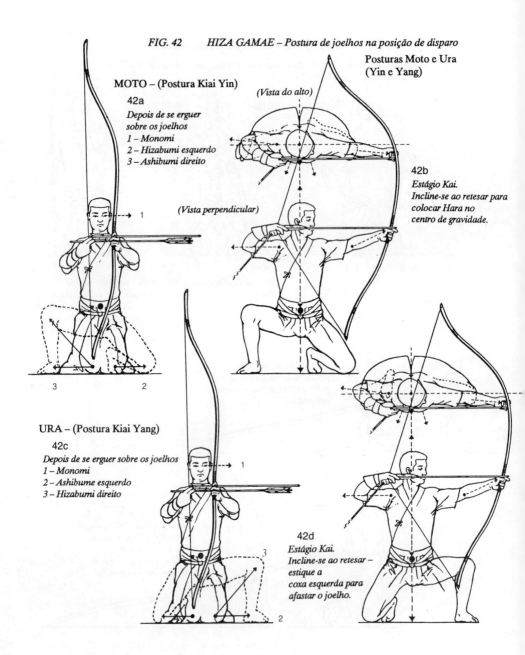

FIG. 42   HIZA GAMAE – Postura de joelhos na posição de disparo

Posturas Moto e Ura (Yin e Yang)

MOTO – (Postura Kiai Yin)
42a
Depois de se erguer sobre os joelhos
1 – Monomi
2 – Hizabumi esquerdo
3 – Ashibumi direito

(Vista do alto)

(Vista perpendicular)

42b
Estágio Kai.
Incline-se ao retesar para colocar Hara no centro de gravidade.

URA – (Postura Kiai Yang)
42c
Depois de se erguer sobre os joelhos
1 – Monomi
2 – Ashibume esquerdo
3 – Hizabumi direito

42d
Estágio Kai.
Incline-se ao retesar – estique a coxa esquerda para afastar o joelho.

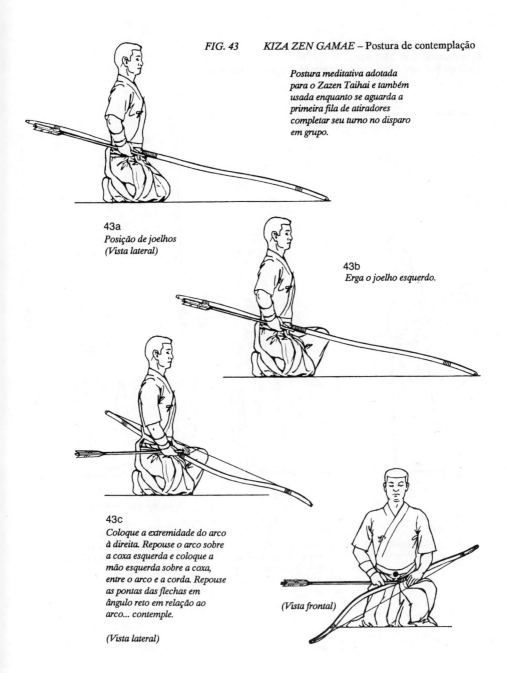

FIG. 43   KIZA ZEN GAMAE – Postura de contemplação

Postura meditativa adotada para o Zazen Taihai e também usada enquanto se aguarda a primeira fila de atiradores completar seu turno no disparo em grupo.

43a
*Posição de joelhos
(Vista lateral)*

43b
Erga o joelho esquerdo.

43c
Coloque a extremidade do arco à direita. Repouse o arco sobre a coxa esquerda e coloque a mão esquerda sobre a coxa, entre o arco e a corda. Repouse as pontas das flechas em ângulo reto em relação ao arco... contemple.

(Vista frontal)

(Vista lateral)

FIG. 44   *RECUPERANDO YA* – Makiwara
Aproximando-se de Makiwara
Usado em Makiwara Sharei e em outras seqüências acerca de Makiwara

(Vista lateral)

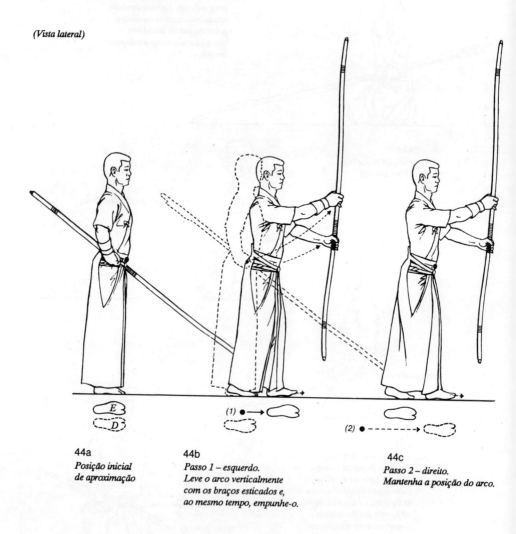

44a
Posição inicial
de aproximação

44b
Passo 1 – esquerdo.
Leve o arco verticalmente
com os braços esticados e,
ao mesmo tempo, empunhe-o.

44c
Passo 2 – direito.
Mantenha a posição do arco.

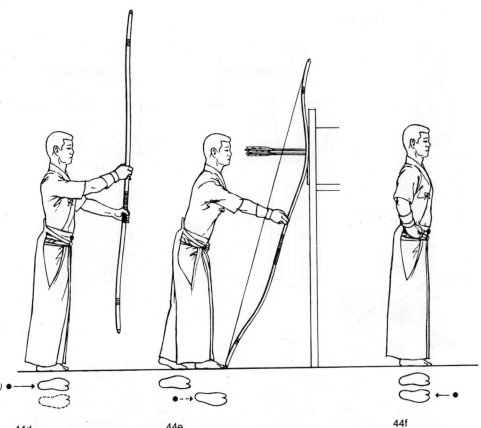

44d
Passo 3 – esquerdo.
Os pés posicionam-se juntos.
Mantenha a posição do arco.

44e
1 – Coloque a mão esquerda na cintura.
2 – Avance o pé direito e abaixe o arco.
Encoste-o no lado direito do suporte de Makiwara.

44f
Recue (o pé direito)
à posição em pé.
Conserve o olhar voltado para
o centro de Makiwara.

FIG. 45   *RECUPERANDO YA* – Makiwara

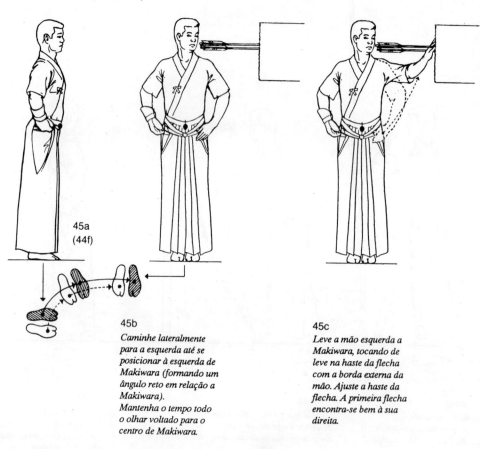

(Vista lateral)

45a
(44f)

45b
Caminhe lateralmente para a esquerda até se posicionar à esquerda de Makiwara (formando um ângulo reto em relação a Makiwara).
Mantenha o tempo todo o olhar voltado para o centro de Makiwara.

45c
Leve a mão esquerda a Makiwara, tocando de leve na haste da flecha com a borda externa da mão. Ajuste a haste da flecha. A primeira flecha encontra-se bem à sua direita.

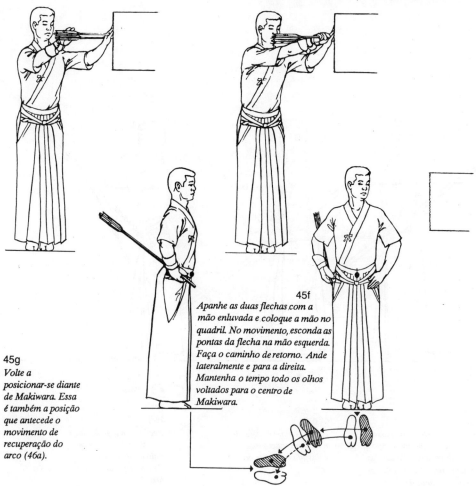

45d
Limpe as penas
1 – pena superior
2 – pena externa
3 – pena interna

45e
Toque suavemente na haste com a mão enluvada e segure a primeira flecha no ponto de contato. Arranque a flecha com 3 puxões. Deposite a flecha no chão (penas para baixo) e encoste-a no suporte. Repita esse procedimento com a segunda flecha.

45f
Apanhe as duas flechas com a mão enluvada e coloque a mão no quadril. No movimento, esconda as pontas da flecha na mão esquerda. Faça o caminho de retorno. Ande lateralmente e para a direita. Mantenha o tempo todo os olhos voltados para o centro de Makiwara.

45g
Volte a posicionar-se diante de Makiwara. Essa é também a posição que antecede o movimento de recuperação do arco (46a).

FIG. 46   *RECUPERANDO O ARCO* – Makiwara

Usado em Makiwara Sharei e em outras seqüências referentes a Makiwara.

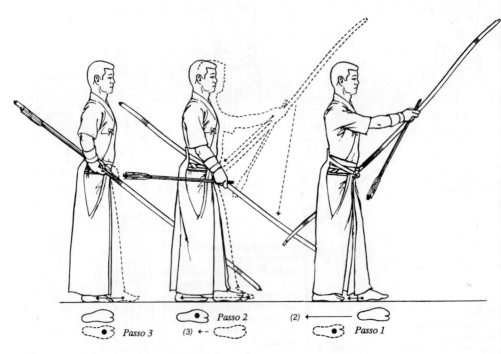

46f
Una os pés no terceiro passo (pé direito) ao mesmo tempo que a mão enluvada desliza através do abdômen até posicionar-se na cintura (quadril). Vários movimentos diferentes iniciam-se a partir desta posição.

46e
Recue com o pé esquerdo e vá abaixando a mão enluvada e a ponta do arco.

46d
Recue com o pé direito e vá passando o arco pela mão esquerda na altura da cintura (não agarre o arco!).

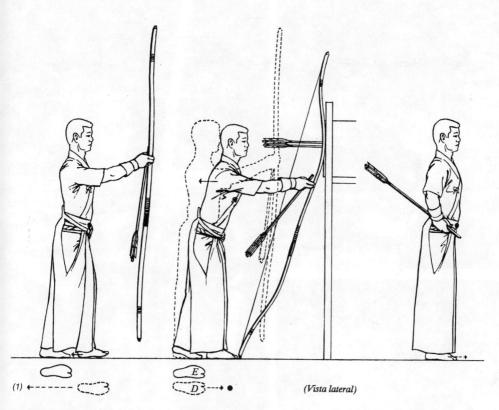

46c
Erga o arco verticalmente.
Dê o primeiro passo para
trás (pé direito).

46b
Avance com o pé direito.
Apanhe o arco.
A flecha e o arco devem
formar um V invertido (o
arco à esquerda e a
flecha à direita).

(Vista lateral)

46a
Posição diante de
Makiwara (ver 45g).

Treino de Kyudo em Chozen-Ji Kyoshi (Mestre de Ensino) Jackson Morisawa

O Mestre Suhara Koun é um dos dirigentes no desenvolvimento de Kyudo em Chozen-Ji, Dojo de Zen Internacional. Ele é um Osho Zen de Dokuto-An, Engaku-Ji e mestre de Kyudo em Dojo Enma, Kamakura, Japão. O célebre arco que o grande mestre de Kyudo, Awa, deu ao professor Eugen Herrigel encontra-se, atualmente, de novo no Japão. Na qualidade de receptor do arco, Suhara Sensei deixa-o em exposição em Dojo Enma.

Kata e os Movimentos Suplementares

Kata e os movimentos suplementares retratados nas ilustrações são utilizados em várias seqüências de treinamento em *Kyudo* de Chozen-Ji. Alguns constituem posturas e movimentos estabelecidos em *Kyudo* tradicional. Outros foram criados exclusivamente no sentido de atender ao objetivo de treinamento de *Kyudo* em Chozen-Ji. Tais inovações não foram criadas em oposição ou em desatenção à arte tradicional. São simplesmente suplementos para um programa de treinamento inovador. O treinamento básico de *Kyudo* em Chozen-Ji segue fielmente *Kata* e *Waza* em *Hassetsu*. O importante, porém, não é a escolha de quais formas e técnicas serão utilizadas. O valor reside no grau de aproveitamento em que são utilizadas na disciplina da arte. Por exemplo, se um estudante não assimilou a disciplina para executar os movimentos com graça e harmoniosamente ou para levar o estágio de *Kai* ao seu grau supremo com uma atitude e uma postura perfeitas até o ponto da tensão suprema e permitir que "ela" dispare em *Hanare*, o estilo e a técnica utilizados perdem totalmente o sentido, sejam quais forem. O importante, em todo treinamento, está na eficácia com a qual o método pode instilar esta disciplina a fim de desenvolver a postura e a atitude, *Hara*, o ritmo e, finalmente, a beleza, a proficiência e a maturidade na arte.

Se instilar a disciplina é importante, alguns poderão questionar o uso de tantos métodos inovadores. Por que não se ater simplesmente ao método básico de *Kyudo Hassetsu*? Trata-se de uma pergunta válida. Entretanto, devemos levar em consideração a situação dos atuais centros de treinamento que procuram atender, na maioria das vezes, o gosto dos leigos. O paralelo a essa situação está em nossa consideração a respeito de como entrar no *Zen*. Para nós, há dois caminhos imediatamente acessíveis: *Shugyo* através do *Zazen* e *Shugyo* através do *Zazen* com Caminhos Marciais enquanto expedientes para ingressar no Caminho. O primeiro método, para muitos de nós, está completamente fora do nosso alcance. Enquanto leigos, não podemos despender tempo suficiente na prática do *Zazen*, de modo que vinte anos serão um tempo muito longo para entrar no *Zen*. A abordagem mais concreta e real se dá mediante os expedientes suplementares, os Caminhos Marciais. Não é, porém, assim tão fácil, pois deve-se atingir a maturidade antes de se conseguir entrar no *Zen*. Do mesmo modo, se dispuser de muitas horas para o treinamento de *Kyudo*, o emprego de *Hassetsu* básico será suficiente para desenvolver a disciplina e *Kiai* necessárias. Infelizmente, porém, a maioria dos leigos não pode dispor de tempo necessário. Outros métodos devem ser desenvolvidos com o objetivo de completar o treinamento a fim de desenvolver e instilar essa disciplina para atingir a maturidade e entrar no *Zen*.

Kiai

Kiai
A Energia Espiritual – a Vibração

Geralmente, aquele que se entrega a um treinamento integral pode desenvolver *Kiai* necessária através do tempo e do espaço. *Maai (relacionado à prática de Kata e de Waza)*. *Kiai* é necessária para manter um nível elevado de intensa emoção, o que possibilita manter a mente alerta. Contudo, o grau de treinamento de um leigo é muito inadequado e os métodos usuais de treinamento são insuficientes para desenvolver essa *Kiai*.

Devido à natureza de *Kyudo*, se não formos cuidadosos e adequadamente treinados, corre-se o risco de perder a intensidade e de fracassar no sentido de manter um nível elevado de *Kiai*. Além disso, a falta de um tempo adequado de treinamento por parte dos praticantes leigos não lhes permite desenvolver o nível exigido de *Kiai* mediante os métodos usuais de treinamento de *Kata* e de *Waza*. Os problemas técnicos que cada praticante enfrenta requerem a aplicação direta de uma quantidade extraordinária de energia física. O problema do controle da respiração é particularmente penoso. Um método adequado de respiração* se faz necessário a fim de fortalecer o corpo todo e é extremamente importante para que o "eu interior" consiga firmar-se no espírito da disciplina clássica.

Para desenvolver um maior nível de energia e de vibração, *Ki-ai (Yagoe) Kyudo* é utilizada no treinamento de *Kyudo* em Chozen-Ji. *Ki-ai* é um aspecto do controle da respiração. Ela é a extensão audível do nível da nossa energia. Pode-se atingi-la no estado de concentração *Zen* ao permitir que a força interior atinja o seu grau máximo.

Deve-se aprender a praticar *Ki-ai* como se a respiração partisse de *Hara* e não dos pulmões. Ela não deve assemelhar-se a uma gargalhada resultante da expulsão vigorosa de um ar contido. *Ki-ai* bem-feita produz um som grave característico que deve penetrar nos ouvidos. Ele provém de uma profunda fonte localizada em nosso âmago e não tem como causa simplesmente a vibração das nossas cordas vocais. A força tem de se concentrar na região específica do corpo denominada *Hara* (abdômen inferior), tendo *Tanden* como ponto central. No entanto, em *Sanzen Nyumon*, Omori Rotaishi adverte: "A concentração da força no abdômen inferior é uma expressão da unificação de todo o corpo e não significa que a força deva se concentrar na parte específica do corpo denominada abdômen inferior, separada do corpo todo. O mais importante consiste em manter todo o corpo num estado de unificação, de modo que a força estará adequadamente concentrada no abdômen inferior." Em *Kyudo*, portanto, a unificação de todo o corpo se dará no estágio de *Kai* a fim de estabelecer a concentração adequada da força em *Hara* durante *Hanare* (*disparo*). *Ki-ai* que acompanha o disparo pode ser penetrante e extensa. *Ki-ai* vigorosa não precisa necessariamente vir acompanhada de movimentos visuais brutos e violentos. Deve ser, de preferência, um movimento relaxado e disciplinado de uma mente alerta.

Um dos exercícios de treinamento de *Ki-ai* é o disparo de repetição na *Makiwara* a partir de uma única postura. Os olhos, que ao mesmo tempo vêem e não vêem, devem penetrar além do alvo e cada disparo tem de ser executado com *Kiai* daquele que quer atravessar uma rocha maciça e com uma vibração intensa daquele que está disparando o último tiro em sua vida (*Issha Zetsumei*). *Ki-ai* participante será intensa e penetrante.

Ocasionalmente, no treinamento, *Ki-ai* deve acompanhar *Hanare* durante o disparo regular a *Mato*. Em Chozen-Ji, pratica-se *Kiai Taihai*. Esta seqüência utiliza a respiração *Tanden* de um modo audível (*ah-um*) além de *Ki-ai*.

Ki-ai também é usada em *Makiwara Sharei*, um tipo de seqüência bastante disciplinada (*meditação em movimento*) que antecede *Makiwara*.

O som audível de *Ki-ai* em *Kyudo*, quando do disparo de *Haya*, é "Iaaa... eh!". "Iaaa..." é pronunciado durante três segundos em *Kai*, acompanhando a unificação da força concentrada em *Hara*. O som penetrante, "Eh!", é pronunciado em *Hanare*. Quando do disparo de *Otoya*, apenas o "Eh!" acompanha o tiro.

Ki-ai pode ser bastante informadora. Ela revela e indica o grau de integração da nossa mente e do nosso corpo na execução de *Waza* (*técnica*) do disparo.

KIAI TAIHAI

Kiai Taihai foi desenvolvida em Chozen-Ji para auxiliar os praticantes de *Kyudo* a manter níveis elevados de energia espiritual (*Kiai*) a qualquer hora e em qualquer lugar.

Os praticantes novatos inevitavelmente acham-se incapazes de manter *Kiai*, pois não estão familiarizados com o comportamento da respiração que controla o centro de energia, *Hara*. A natureza do processo de *Kyudo* também contribui para esse problema. Em *Kyudo*, ao contrário de outros caminhos marciais, tais como o *Kendo* e o *Judo*, não há contato físico com um adversário. Essa ausência de estímulo físico muitas vezes provoca um certo desânimo durante o treinamento e os iniciantes acham difícil manter o nível emocional intenso necessário para conservar a mente alerta. Assim, para ajudar a aliviar alguns dos problemas no período de aprendizado, utilizam-se *Ki-ai*, uma extensão audível da força da energia, e o processo respiratório deliberado e audível.

O uso repetitivo de *Ki-ai* em *Hanare* (*disparo*) e o procedimento da respiração audível acabam por produzir na corrente energética um traço característico, equivalente a um sulco. Quando se estabelece esse traço característico, somos capazes de manter o mesmo nível de energia com ou sem o auxílio de *Ki-ai*. É aconselhável, contudo, prosseguir na prática de *Ki-ai* a fim de manter essa peculiaridade bem fincada.

Kata, em *Kiai Taihai*, é similar àquela utilizada na seqüência de disparo regular. As diferenças estão em *Torikake* (*segurar a corda do arco com a luva*) e no *Uchiokoshi* (*erguer-se*). Antes de *Torikake*, a mão direita enluvada é erguida acima da cabeça, apontando para o céu. Esse gesto significa nossa entrada no mundo de *Mu* (*vazio*). Para abarcar completamente o efeito do processo de energia, deve-se atuar dentro desse vazio, livre de qualquer ilusão e da consciência de si. O erguimento do braço é acompanhado por uma inalação audível (*ah*). Rítmica e harmoniosamente, a cabeça volta-se na direção do alvo à frente (*Monomi*). O braço vai sendo abaixado em harmonia com o movimento de retorno da cabeça até a posição normal. Isso é acompanhado por uma exalação audível (*ummm*). Em *Uchiokoshi*, executa-se *Monomi* no mesmo ritmo e em harmonia com o erguimento, acompanhado por uma inalação audível. Os estágios restantes do disparo são os mesmos, exceto durante *Hanare*, quando o disparo é acompanhado por *Ki-ai*.

Na seqüência de disparo em grupo de *Kiai Taihai*, *Oumae*, à direita, é o guia responsável pela unidade dos demais durante os movimentos sincronizados. A aproximação, *Ashibumi*, *Dozukuri* e *Yatsugae* são executados em uníssono. Em seguida, o guia começa a erguer a mão direita (*Fig. 28*) enquanto os demais permanecem em *Kamae* (*Fig. 29a*). O segundo *Kyudoka* passa à execução do erguimento do braço quando o guia passa para *Daisan*. Os demais prosseguem na mesma seqüência. O guia aguarda até que o som do disparo do terceiro *Kyudoka* seja ouvido, antes de iniciar o segundo *Yatsugae*; os demais procedem de modo idêntico.

A postura "descansar" de *Kamae* (*Fig. 29b*) é adotada pelo guia após *Yudaoshi* do segundo disparo. Os demais passam para o segundo disparo e, do mesmo modo, adotam a mesma postura até que o último *Kyudoka* anuncie *Yudaoshi* do segundo disparo ao bater de leve a extremidade do arco no chão. Esse é o sinal para que todos voltem à posição *Kamae*, comecem o giro para retornarem à posição de partida e encerrem a seqüência (*Fig. 25*). Esses movimentos são executados em uníssono.

---

* Ver *Zen e o comportamento da respiração*.

Mikomi – Nerai
A Mira (no alvo)
A diferença entre a mira geralmente utilizada em Kyudo e aquela de Chozen-Ji Ryu Kyudo

Kokoro

Em *Kyudo*, há uma técnica física de mirar o alvo. No treinamento de Chozen-Ji, contudo, essa preocupação externa de acertar o alvo através da mira é transcendida mediante nosso envolvimento com o espírito. O processo *Zen* encarrega-se disso.

"Mikomi" (julgamento – impor com o olhar) ou *"Nerai"* (mira) é a mira física em *Kyudo*. Ao mirar o alvo, a concentração localiza-se numa região muito pequena que se relaciona com nossa estreita estrutura mental. Deve-se aprender a olhar de um modo perceptivo, através de uma perspectiva mais ampla, com os olhos da mente. Em outras palavras, deve-se relacionar o treinamento à vida e ao universo, olhar ao redor com uma perspectiva de 180 graus e começar a enxergar (*Kan*) a realidade da vida tal como ela é de fato. Ao mesmo tempo, não se deve permitir que essa percepção desvie a concentração do processo de *Kyudo*.

A técnica de mirar, em *Kyudo* de Chozen-Ji, não tem como foco o alvo mas, sim, nosso espírito com o olho da mente. Uma vez que o *Zen* não faz nenhuma distinção entre o espírito e a matéria, ou entre a mente e o corpo, a postura (*atitude*) física atua direta e inseparavelmente sobre a postura psicológica (*mente*). Por conseguinte, no estágio de *"Kai"*, no qual geralmente se adota a mira física, devemos, ao contrário, utilizar os olhos da mente, e o foco da nossa atenção será o nosso espírito. Neste processo, a postura física, operando com *Hara* (*energia Ki*), deve ser adequadamente corrigida para que possa atuar diretamente a fim de obter a postura psicológica apropriada. Na postura física, mantenha um contínuo retesamento através da expansão do tórax e experimente a sensação de estar deslocando *Mato*, que se encontra à sua frente, até posicioná-lo às suas costas, a fim de estabelecer um outro alvo atrás do seu cotovelo. Alinhe o corpo entre os dois alvos e, ao mesmo tempo, dirija a nuca para cima, levando *Ki* para baixo, até *Hara*, e perceba, em seu interior, a "mira-interna". Quando alguém atinge essa conexão adequada, dizemos que ele alcançou o "centro da cruz" (*Jumonji*). Compara-se esse centro com o centro do furacão. Tudo ali é calmo, apesar da força violenta que se espalha ao redor de seu perímetro. Quando se penetra no centro da cruz, a postura do corpo e da mente se funde, torna-se uma só, e a calma prevalece. No sentido espiritual, alcançou-se a maturidade; isso significa transcender a dualidade e tornar-se um com o objeto. Nesse estado, *Mushin* prevalece, e essa mente alerta e natural possibilita-nos retornar ao nosso eu original (*à natureza de Buda – o eu natural iluminado*). Em *Kyudo*, você alcançou a proficiência na arte e tornou-se um com o arco, a flecha e o alvo. Não há nenhum dualismo e, desse modo, não há nenhuma preocupação quanto ao fato de acertar ou não o alvo. Quando você e o objeto se fundem, não há mais nenhum espaço a separá-los. O alvo foi penetrado e não há mais nenhuma necessidade de disparar. Você começa a compreender o sentido da frase: "disparar sem disparar". *Mushado* foi compreendido. Todas as coisas encontram-se no estado natural de *"Myo"* (*as maravilhas naturais do universo*). Naturalmente, a flecha parte em direção ao alvo, mas a flecha que penetra o alvo está viva, pois ela é o espírito de *Kyudoka*. Quando se é capaz de retornar ao eu natural (*à natureza de Buda*), é possível dedicar-se, através da prática do arco, à ajuda de todos os seres sencientes e compreender o verdadeiro mundo de tranqüilidade e de luz que ele de fato é. E através da vibração (*Kiai*), podemos disseminar a caridade, que significa conduzir outros seres ao reino da segurança absoluta mediante o compartilhamento do "destemor" (*Mu-i*), pois não há mais nenhum mal a ser evitado ou nenhum bem a ser adquirido. Em suma, podemos nos referir à mira de Chozen-Ji Ryu Kyudo como sendo o objetivo verdadeiro.

Taihai e Shagi
O equilíbrio entre a harmonia do corpo e a arte do disparo

Taihai é a harmonia e a coordenação do corpo na execução de movimentos e posturas nos estágios de *Kyudo*. *Taihai* pode ser mantido através da disciplina de *Reigi-Saho* (*conduta, decoro, retidão*). *Shagi* é a arte e a técnica de disparar, desenvolvida através da disciplina espiritual.

Kyudo verdadeiro é uma combinação desses dois elementos e um equilíbrio compatível precisa ser mantido.

No treinamento, o equilíbrio pode ser rompido apenas por uma situação controlada, na qual se designa a prática intensiva de um ou de outro. É importante, porém, instilar e manter a disciplina espiritual o tempo todo.

Atualmente, a ênfase no equilíbrio entre *Taihai* e *Shagi* é algo que vem se perdendo em inúmeras escolas de *Kyudo*. O desequilíbrio é em geral preponderante e a ênfase recai sobre as técnicas de disparo, caso em que a disciplina, inevitavelmente, não é mantida. O ego é o fator predominante que leva o indivíduo a voltar-se sem cessar para suas façanhas e realizações, bem como a se preocupar exteriormente com o fato de acertar o alvo. O resultado é a desintegração do processo de *Kyudo*.

Se há um desequilíbrio, *Taihai* deve prevalecer sobre *Shagi*. Quando a simetria do corpo for alcançada nos estágios do disparo, o processo como um todo tenderá a manter um alto nível de disciplina que, inevitavelmente, ajuda na disciplina da agilidade do nosso disparo. Em conseqüência, a culminação do processo será uma execução bem-sucedida, ainda que não ocorra a penetração do alvo. Por outro lado, se *Taihai* é desprezada e a nossa preocupação recair apenas na técnica do disparo, o nível da disciplina cairá a um ponto no qual ela poderá, de fato, afetar a arte do disparo e, ainda que possamos penetrar com sucesso o alvo, faltará, ao processo como um todo, o sentido da execução.

Reigi-Saho torna-se um fator muito importante no desenvolvimento da disciplina para que *Taihai* seja mantida. A mesma disciplina estende-se a *Shagi* e a arte e a técnica do disparo se desenvolverá com maior rapidez.

Quando o equilíbrio perfeito entre *Taihai* e *Shagi* é estabelecido, o dualismo deixa de existir. Nessa unidade, *Shahin* (*a qualidade, a dignidade do disparo*) e *Shakaku* (*a capacidade do disparo*) são desenvolvidas e emerge *Jinkaku* (*personalidade, caráter, individualidade*)... *Jinkaku no hito* (*uma pessoa de grande caráter*).

Hojo

Budo

Hojo e Kyudo
Objetivo relativo e Kiai

Em Chozen-Ji, *Hojo* é a principal forma de *Budo*. Contudo, em Dojo Zen Internacional, muitos outros "Caminhos" orientais são praticados. Isso se deve à atual situação, na qual muitos estudantes já estão praticando algum tipo de *Budo* como, por exemplo, *Aikido, Kyudo, Karate Do, Tai Chuan Do, Judô, Kendo, Tai Chi*. Eles têm a permissão de continuar com sua opção de *Budo* para que o fluxo do treinamento como um todo seja suave e ligeiro. Cada método, porém, deve ser ensinado com o mesmo objetivo de *Hojo*.

Hojo é *Kashima Shinden Jiki Shin Kage Ryu* (*escola*), a lei que estabelece o Caminho da arte do esgrimista. O objetivo de *Hojo* é cortar todos os hábitos que adquirimos desde a infância para que possamos retornar ao eu original (*natureza de Buda*). A atenção concentra-se em *Kiai*, que imita as quatro estações: primavera, verão, outono e inverno. A mente, *Ki*, e o corpo devem atuar em uníssono (*Shin Ki Roku Ichi*) no desenvolvimento de *Tanden*. Os hábitos devem ser afastados, cortando-se o centro do nosso ser. Para estar em harmonia com as incontáveis mudanças, é necessário o desenvolvimento do não-pensar, da mente sem-pensamentos. O caminho está no meio, nem leve, nem pesado, nem apegado, nem livre. Em *Hojo*, *Kata* (*forma, estilo*) imita *Kiai* das quatro estações.

1. Em *Kyudo*, bem como em *Hojo*, a primeira *Kiai* é *Haru* (*primavera*). Ela se assemelha ao sol nascente que irrompe com frescor na primavera, e a força é comparada à queda de uma imensa rocha de um precipício de 300 metros de altura. Dê o passo de aproximação e comece *Ashibumi* (*andar ou marchar*) com frescor, mantendo *Dozukuri* (*posicionamento do torso*) com firmeza para preparar a força motriz necessária à execução dos estágios seguintes de *Hassetsu* (*8 estágios*). A postura de aproximação deve ser "grande"... corpo ereto, tórax cheio, braços e cotovelos estendidos.

Em *Yugamae* (*posicionamento do arco*), prepare-se para passar a *Kiai* de verão.

2. *Kiai* da primavera aproxima-se agora rapidamente do verão. Passe para *Uchiokoshi* (*levantamento do arco*) com *Kiai* de primavera e mova-se para *Kiai* de verão. Ela é semelhante ao sol ardente e abrasador do verão. *Kiai* é *Hageshii* (*violenta, forte*) e os movimentos devem ser executados com *Yuuki* (*coragem, audácia*). Em *Daisan* (*estágio que antecede o retesamento*) e em *Hikiwake* (*retesamento do arco*) encha totalmente o corpo todo, não deixando nenhum espaço, nem mesmo para a introdução de um único fio de cabelo. *Ki*, o arco e o corpo devem agir em uníssono. Em *Kai* (*sexto estágio – "encontro"*), dá-se o encontro. O corpo está ereto e o arco e a flecha formam, em relação ao corpo, uma "cruz perfeita". *Kiai* é inesgotável.

3. A transformação para *Kiai* de outono ocorre em *Kai*. Ela é semelhante à queda das folhas no outono. A força que definha é *Sara Sara* (*branda e suave*). Corte todos os hábitos de preocupação com o exterior, como mirar e acertar o alvo, voltando os "olhos" para dentro. Faça um corte bem no centro do ego e esqueça-se da existência de qualquer alvo. Deixe-se levar para o reino de *Mushin* (*mente vazia, mente alerta*) para permanecer em harmonia com as inumeráveis mudanças. Com sinceridade e honestidade, vá em frente e alcance o centro de *Jumonji* (*cruz – a forma perfeita – a unidade*).

4. Nos últimos estágios, é a vez de *Kiai* de inverno. A técnica deve ser *Shizuka* (*calma, tranqüilidade*). Em *Kyudo*, *Kiai* tranqüila e calma do inverno se estabelece no estágio de *Kai* e flui para *Hanare* e *Zanshin*. Estar no centro de *Jumonji* é como estar no centro do furacão. Tudo é calmo e silencioso devido à força devastadora que o circunda. E a passagem de *Kai* para *Hanare* consiste num estado mental no qual aceitamos, com serenidade e tranqüilidade, tudo aquilo que surgir e, desse

modo, podemos mergulhar no fluxo da vida e dos seus eventos sem nenhum esforço. A vontade está em silêncio, o coração está tranqüilo, pois reconhecemos a descoberta do "eu original". Em *Kyudo*, não é mais você que dispara na direção do alvo, é o espírito que dispara por você. A própria flecha parte na direção do alvo. Em *Zanshin*, um estado mental calmo e meditativo resulta da união de *Shinki* com o alvo, mediante a união do homem, do arco e da flecha, e produz um caráter particular que se combina, harmoniosamente, com a vida.

Hara
A base da Vida – Energia Espiritual

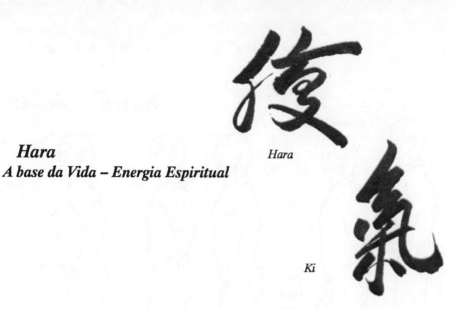

Hara

Ki

    Hara abrange toda a área que circunda *Tanden*, do qual emana a energia vital, *Ki*, essencial para todos os Caminhos *Zen*. *Hara* é a base da vida, o centro da energia intrínseca, e deve ser exercitada como um requisito básico a todos os desenvolvimentos mais elevados.

    Hara Gei é a arte de controlar essa energia através da respiração correta. Em *Kyudo*, bem como em outras artes *Dō*, o controle correto de *Hara* é essencial para sobreviver aos rigores do processo e alcançar o resultado desejado.

    Além disso, considera-se *Hara* como um estado mental no desenvolvimento do nosso caráter. Aquele que controla *Hara* não corre o risco de perder o equilíbrio (*serenidade*) e pode manter o centro vital de energia quando ocorre algum distúrbio ou quando algo sai errado. Um constante acesso a fontes seguras de forças renovadas estará sempre à mão quando se é capaz de restabelecer a conexão com o centro de energia vital, *Tanden*. Aquele que tem *Hara* nunca se consome nem se esgota completamente. Ele aprende a fazer de *Hara* sua âncora, pode livrar-se das perturbações do corpo e da mente e, por fim, rejeitar o ego para retornar à energia mais profunda do "ser original". Aquele que tem *Hara* é paciente em qualquer situação e tranquilo diante da adversidade. Quando reconhecemos que o "eu interior" foi alcançado e compreendido, não temos mais necessidade do intelecto. A vontade torna-se

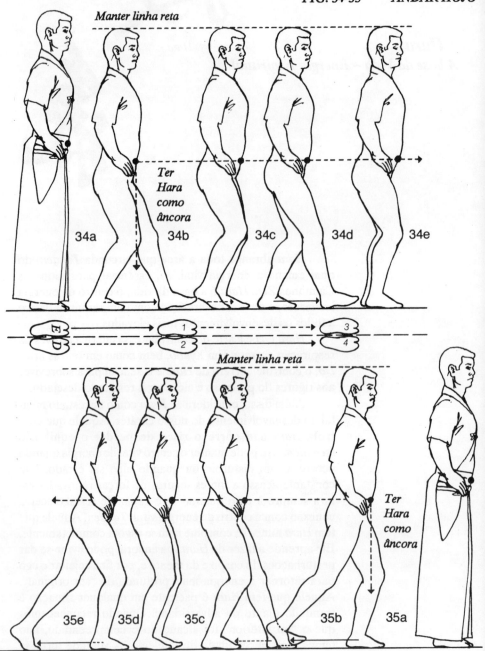

silenciosa, o coração tranqüilo; e a nossa tarefa se efetua de modo natural, sem qualquer esforço. Em *Kyudo*, você não mais dispara no alvo, ele dispara por você.

O *Zazen* é o elemento fundamental no desenvolvimento de *Hara*. Há também vários exercícios muito úteis para os iniciantes. O andar *Hojo* e vários exercícios respiratórios *Tao* de *Pa Tuan Chin* são excelentes.

ANDAR HOJO

Este exercício é extraído de *Hojo*, o Caminho Marcial de Chozen-Ji (*ver Hojo*). A respiração é audível (ah... inspirando e hum... expirando). O processo respiratório consiste na mesma exalação deliberada do diafragma até *Tanden*. O andar consiste num controle concentrado de *Ki* a cada movimento.

Fique em pé, com os pés juntos, e olhe ao longo de uma linha reta. Coloque as palmas das mãos sobre a região frontal do quadril (*Fig. 34a*). Ao iniciar os passos, certifique-se de ter *Hara* como âncora. Em outras palavras, dê cada passo com a concentração de energia de *Ki* (*Fig. 34b*). Isso manterá a espinha dorsal e as costas eretas, e os movimentos num equilíbrio controlado.

Avance com o pé esquerdo. (*Inspire*) O pé deve deslizar sobre o calcanhar. Avance com o pé direito até colocá-lo ao lado do pé esquerdo, deslizando-o sobre a parte dianteira da planta do pé. (*Expire*) Flexione os joelhos ao executar esses movimentos a fim de torná-los bem suaves e para que o nível da cabeça seja mantido o tempo todo numa linha reta (*Fig. 34c*). Avance de novo (*calcanhar*) com o pé direito. (*Inspire*) Avance com o pé esquerdo (*sobre a parte dianteira da planta do pé*), até colocá-lo ao lado do pé direito. (*Expire*) Continue a avançar desse modo ao longo de uma linha reta. Mantenha um caminhar uniforme e em ritmo com a respiração cadenciada e lenta. No final, una os dois pés. Depois de uma pequena pausa, comece a caminhar para trás. Estenda a perna direita para trás. (*Inspire*) Ao mesmo tempo, flexione o joelho esquerdo (*Fig. 35b*). Arraste o pé esquerdo (*calcanhar*) ao lado do pé direito (*expire*) com ambos os joelhos flexionados (*Fig. 35d*). Vá recuando deste modo, alternando o pé esquerdo e direito até chegar ao ponto de partida. Caminhe para a frente e para trás algumas vezes, mantendo sempre um passo e um ritmo uniformes.

PA TUAN CHIN (Exercícios respiratórios taoístas)

Exercício 1 *(Sustentando o céu com as duas mãos)* (*Fig. 36*)

Fique de pé, com os pés ligeiramente afastados um do outro. Enlace os dedos diante do corpo. Com as palmas voltadas para cima, comece a levantar as mãos até levá-las ao nível do tórax. (*Inspire*) Gire as palmas para baixo e abaixe as mãos até voltar à posição original. (*Expire*) Voltando as palmas para a frente, comece a levantar os braços acima da cabeça. Com as palmas voltadas para cima, estique os braços para o alto, como se estivesse sustentando o céu. (*Inspire*) Desenlace os dedos e, num movimento circular, sem tensão ou força, abaixe os braços. (*Expire*) A exalação deve ser longa, vagarosa e ter como foco *Ki*.

Exercício 2 *(As posições esquerda e direita do arqueiro – disparando a águia)* *(Fig. 37)*

Fique em pé, com os pés bem afastados e os joelhos flexionados, como se estivesse montado num cavalo. Os braços devem pender naturalmente à frente, entre as pernas. Levante os braços ao mesmo tempo, com os punhos cerrados. (*Inspire*) Quando as mãos estiverem diante do tórax e os braços paralelos à base, estique o braço esquerdo para o lado (*esquerdo*) e, ao mesmo tempo, puxe o braço direito para trás – a força deve partir do cotovelo – como se estivesse retesando um arco. Os dedos indicador e médio da mão esquerda devem ser estendidos de modo a assumir, no movimento, o formato de um "V". Gire também a cabeça para a esquerda. (*Expire*) Retorne com as mãos à posição diante do tórax. Gire a cabeça e olhe para a frente. Leve os braços para baixo, até a posição inicial, com as mãos relaxadas. (*Expire*) Repita a seqüência, dirigindo agora os movimentos para a direita.

Exercício 3 *(Punho cerrado e olhar irado para aumentar a energia intrínseca)* *(Fig. 38)*

Fique novamente de pé como se estivesse montado num cavalo e com os braços pendendo, de modo natural, à frente. Com os punhos cerrados, levante os braços ao mesmo tempo até levá-los ao nível do tórax. (*Inspire*) Forme uma postura de boxeador esticando a mão esquerda para a esquerda. (*Conserve o cotovelo flexionado para que o braço não seja esticado em demasia*). Puxe para trás o braço direito – a força deve partir do cotovelo – e, ao mesmo tempo, olhe para a esquerda. (*Expire*) Traga os punhos novamente até o tórax e olhe para a frente. Continue o movimento, erguendo os braços acima da cabeça. (*Inspire*) Descerre os punhos e comece a abaixar os braços ao longo do corpo, num arco bem amplo, até que as mãos tenham retornado à posição inicial. (*Expire*) Repita a seqüência com movimentos para a direita.

FIG. 36-37-38
PA TUAN CHIN

Exercício 1

Cada um desses exercícios deve ser repetido oito vezes. O processo respiratório poderá ser considerado correto se, durante a expiração, uma vibração quente se fizer sentir nas extremidades dos dedos. Tal sensação indica que a força de *Ki* está corretamente controlada.

OKKYO (Leitura do sutra)

Okkyo também é útil no desenvolvimento de *Hara*. Ele é comparado a um cantor de ópera entoando a melodia a partir das profundezas do diafragma. O uso adequado desta energia profunda determina a clareza e a força da voz. Isso corresponde à quantidade de energia que podemos difundir e controlar por todo o corpo.

Todos esses exercícios também ajudarão o iniciante a controlar os movimentos de *Kyudo* em ritmo com o processo respiratório. Sincronizar o ritmo da respiração com cada movimento é essencial para conservar e utilizar a força de *Ki* continuamente a fim de que o processo de *Kyudo*, em sua totalidade, não se desfaça. Esse fluxo contínuo de energia proporciona um estado de execução mais sereno e relaxado que, finalmente, resulta numa melhor compreensão do processo de *Kyudo*.

Shodo

Shodo
O caminho da escrita (pincel)

Embora seja considerada uma caligrafia, *Shodo* não é, em sua essência, uma caligrafia. Assim como as demais artes *Dō*, *Shodo* é espiritualista e encontra-se indissoluvelmente vinculado ao *Zen*. Não se trata de uma arte da escrita ou de uma escrita bonita.

O pincel é uma extensão da nossa alma e o efeito visível de uma pincelada pode, invariavelmente, retratar, naquele momento, nossa constituição interna. Assemelha-se a uma ficha de informação e mantém o registro do nosso desenvolvimento no treinamento espiritual. À medida que o treinamento prossegue, seremos capazes de ver o desenvolvimento espiritual através das pinceladas.

Em *Shodo*, não importa tanto a qualidade com a qual conseguimos reproduzir o estilo das letras mas, sim, com que concentração, sinceridade e naturalidade permitimos que o eu interior se expresse através das pinceladas. Uma vez mais, os ingredientes importantes no processo de *Shodo* são a respiração correta e o controle de *Hara*. O braço e a mão são meras extensões do pincel sendo utilizados apenas como meios de segurar o pincel. A energia nos movimentos deve provir de *Hara* a fim de projetar a força do eu interior para o papel.

Através da prática de *Shodo*, podemos nos manter em contato com o desenvolvimento em *Kyudo* e contribuir para o desenvolvimento de *Hara Gei*.

Shodo, em Chozen-Ji, segue o procedimento estabelecido por Omori Sogen Rotaishi, mestre de *Shodo*. *Shodo* de Tesshu é usado como exemplo.

Uma pilha de papéis é depositada sobre o assoalho coberto sendo pressionada por um peso (*Bunchin*). O tabuleiro com a tinta e um grande pincel são colocados à direita e as letras a serem reproduzidas ficam no alto. Antes de se aproximar da área da escrita, o estudante executa *Gassho*. Adota-se a posição sentada (*Seiza*). Faz-se uma reverência seguida de profunda expiração até *Tanden*, a fim de se estabelecer *Hara*. O pincel é segurado pela ponta com a mão direita e mergulhado na tinta. Em seguida, passa-se o pincel para a mão esquerda enquanto a direita se movimenta ao longo da parte superior do cabo e por baixo, a fim de garantir uma correta empunhadura do pincel. Deve-se segurar o pincel com muita suavidade, entre o polegar e os dedos (*do mesmo modo que se segura um ovo*). No movimento seguinte, o pincel é elevado acima da cabeça – "no mundo de *Mu*". Uma respiração profunda acompanha esse erguimento. Uma "exalação prolongada" até *Tanden* acompanha a descida do pincel até o canto da mão esquerda abaixada. Com a força de *Hara*, lentamente dá-se uma pincelada em diagonal através do papel. Essa é a "linha da vida" que retrata nosso caráter nesse momento. Em seguida, escrevem-se três letras, cada uma delas com vigorosas pinceladas e movimentos harmoniosos. Deve-se ter a sensação de estar enfrentando um inimigo mortal e de que cada pincelada seja a última da nossa vida – uma batalha decisiva. Utiliza-se uma folha inteira de papel para cada letra. Ao terminar, leva-se o pincel novamente ao tabuleiro de tinta, num procedimento inverso, deixando-o preparado para o próximo escritor. O estudante encerra o processo executando uma reverência, levantando-se e fazendo *Gassho*. Os papéis utilizados são destruídos.

DEFINIÇÕES DO SHODO

Zen	p. 13	Filosofia espiritual no caminho da vida (ver p. 166).
Do	p. 16	Michi, Tao – o "Caminho" de (ver p. 13).
Shugyo	p. 18	Treinamento espiritual (ver p. 18).
Kan	p. 20	Percepção correta (ver p. 20).
Mu-i	p. 21	Destemor (ver p. 21).
Hyakuren Jitoku	p. 25	Emergir do nosso eu através do treinamento repetitivo (ver p. 24).
Issha Zetsumei	p. 28	Um disparo e expirar (ver p. 18).
Ichi Butsu	p. 32	Aquele que se iluminou. "Originalmente, todos os seres são Buda."
Hara Gei	p. 34	A arte de controlar a energia espiritual (ver p. 35).
Seishin	p. 38	Mente, espírito, alma. Energia espiritual.
Nyunanshin	p. 39	Humildade. Uma certa flexibilidade do espírito, livre do ego e do orgulho, que atesta nossa disposição em aceitar as coisas tais como são apresentadas pelo mestre.
Kamae	p. 45	Um elemento de forma física. Uma postura nas disciplinas clássicas. Uma postura de prontidão para um comportamento adequado numa determinada situação.
Tenshin Myo	p. 49	As obras maravilhosas do universo (ver p. 27).
Zanshin	p. 51	O coração ou a mente duradoura (ver p. 22).
Reigi	p. 58	Etiqueta (ver p. 58).
Mushin	p. 63	A mente natural, livre de ilusões e de autoconsciência.
Kiai	p. 112	A energia espiritual... vibração (ver p. 112).
Kokoro	p. 115	A mente, espírito ou mentalidade. O coração, centro da força criativa do eu.
Budo	p. 118	Caminhos marciais.
Hojo	p. 118	Budo Chozen-Ji. A lei que estabelece o Caminho da arte do esgrimista (ver p. 118).
Ki	p. 121	A energia intrínseca (ver p. 121).
Hara	p. 121	A região mais ampla que circunda Ki. Também o estado mental no desenvolvimento do nosso caráter (ver p. 121).
Shodo	p. 127	O Caminho da escrita (pincel) (ver p. 127).
Zazen	p. 130	Meditação Zen sentada (ver p. 130).
Dojo	p. 138	Salão de treinamento para Budo (ver p. 138).
Seishin Choetsu	p. 141	Transcender a vida e a morte. Um estado mental (ver p. 138).
Makoto	p. 142	"Mente pura", livre da "mancha" do ego e não perturbada pelo materialismo exterior.
Fudoshin	p. 150	"Mente imóvel". Um estado mental que nos possibilita enfrentar qualquer situação com compostura.
Mu Jukkei	p. 156	A arte sem artimanhas. Transcender a forma e a técnica para tornar-se o eu natural, onde o dualismo e a consciência de si deixam de existir. Tornar-se um com a realidade.
Yugen	p. 164	A elegância de uma execução realizada de modo sereno, intuitivamente sentida e compreendida pela mente, mas inexprimível.

Zazen
(Meditação Zen sentada)

Zazen

No *Zen*, não há nenhuma distinção entre espírito e matéria (*mente e corpo*). Por isso, podemos atuar diretamente sobre nossa mente através de exercícios físicos e alcançar qualquer nível espiritual desejado através da postura (*atitude*) do corpo. Sentar em meditação (*Zazen*) faz com que a mente e o corpo reajam, com a integração do controle adequado da respiração, no sentido de atingir qualquer estado mental desejado.

O todo, separado de nós, não é Deus nem o absoluto, mas é um com o indivíduo. A verdade só existe dentro de nós mesmos. Por isso, buscamos a iluminação a partir do nosso interior. O *Zazen* lida com esse conceito.

O *Zazen* não é o modo de se permanecer extaticamente imerso na percepção de si mesmo e nem o tranqüilizante que acalma as excitações e os pensamentos desenfreados. O *Zanzen* consiste em despertar para a nossa própria essência e assim expressar, em nossa conduta diária, nosso verdadeiro eu.

O único objetivo do *Zazen* é o próprio *Zazen*. Portanto, se sentamos com o propósito de iluminar a nós mesmos, ou enquanto permanecermos conscientes do desejo de iluminar a nós mesmos, a distância que nos separa da verdade tornar-se-á cada vez maior.

Zazen não significa sentar-se com uma mente inerte ou em meditação extática. Ao sentar-se, deve-se praticar o

Zen, o que significa que é preciso disciplinar-se completamente no sentido de alcançar uma integração com as coisas que nos rodeiam antes de atuar no estado dessa integração. É preciso sentar com um estado mental completamente concentrado a fim de dissipar e estabilizar os pensamentos e as imaginações confusos e agitados.

Os elementos que circulam no interior do *Zazen* são os mesmos fatores que atuam no processo de *Kyudo*. Por isso, esses elementos que captam a essência de *Kyudo* não podem ser imediatamente entendidos se não tivermos a experiência do *Zazen*.

Há um grupo específico, estudantes de *Zen*, que pratica *Zen* sem sentar-se em meditação. Esta tendência predomina entre os que se convencionou chamar de estudiosos e intelectuais do *Zen*. Eles insistem no pior obstáculo do *Zen*, a auto-ilusão. Na mesma linha, há muitos estudantes de *Kyudo* que defendem que o *Zazen* não é necessário na prática de *Kyudo*. Isso também é auto-ilusão. Visto que *Dō* está vinculado, de maneira indissolúvel, ao *Zen*, de que modo podemos entender a essência de *Kyudo* sem a vivência do *Zen*? *Dō* também é a força predominante que evita a auto-ilusão do *Zen*. Como praticar a auto-ilusão dentro dos seus limites?

Kyudo atua apenas como um meio através do qual é possível ingressar no reino da consciência *Zen*. Por isso, o "Caminho" não tem travessas ou desvios. É *Zen* o caminho todo. Percorrer de outra maneira é apenas uma desculpa para nossa carência de desenvolvimento espiritual e para nossa mente repleta de decepções e ilusões. Quando compreendemos que o *Dharma* nada mais é senão *Zazen*, a relação entre *Kyudo* e *Zazen* será entendida.

39a

Zazen

SENTAR-SE – A TÉCNICA

Para sentar de modo correto, os vários aspectos do *Zazen* precisam estar em harmonia e atuar em uníssono. A mente, o corpo e a respiração estão inseparavelmente relacionados e cada um deles pode atuar sobre os demais. Portanto, é possível corrigir qualquer uma das posturas e realizar uma harmonia razoável com as demais. Para conseguir estabilizar e tranqüilizar a mente e o corpo ao mesmo tempo, os três elementos devem ser entendidos como um só. Na unidade, *Kiai (força espiritual)* propagar-se-á por todo o corpo e pelo ambiente que o circunda.

É importante usar roupas folgadas e flexíveis a fim de manter uma boa circulação. Também é importante estar asseado, limpo e adequadamente vestido, sem quaisquer cosméticos desagradáveis ou jóias. O ambiente precisa adquirir uma aura de dignidade e a preparação para isso é essencial ao estabelecimento de uma atmosfera apropriada à meditação sentada.

Escolha um *Zabuton* (*almofada japonesa*) largo e dois ou mais travesseiros pequenos (*Zabu*). Coloque *Zabu* debaixo da metade anterior de *Zabuton*. Empilhe *Zabu* de modo a atuar como uma cunha. Sente-se na borda dianteira de *Zabu* (*Fig. 39a*).

Adote a "Postura do lótus". O "Lótus pleno" (*Kekka Fuza*) (*Fig. 39b*) é obtido dobrando as pernas e levando o pé direito à região próxima da base da coxa esquerda e colocando o pé esquerdo por cima e sobre a coxa direita. O "Lótus parcial" (*Hanka Fuza*) (*Fig. 39c*) obtém-se dobrando a perna direita e colocando o pé esquerdo por cima e sobre a coxa direita (*Goma-Za*). Pode-se adotar a posição inversa das pernas (*Kissho-Za*). Os joelhos devem tocar o chão.

A posição da mão (*Hokkai Join*) é obtida colocando as mãos à frente e abaixo de *Tanden (Ki)*. A mão esquerda, com a palma voltada para cima e os dedos unidos, é apoiada sobre a palma da mão direita. As pontas dos polegares ficam unidas para criar uma elipse. (*As pontas dos polegares não devem ser pressionadas uma de encontro à outra; devem apenas se tocar suavemente.*) Vistos de cima, os polegares têm de formar uma linha paralela à dos dedos médios (*Fig. 39d*). Pode-se utilizar uma outra postura para as mãos, segurando com firmeza a ponta do polegar esquerdo entre o dedo indicador e o polegar da mão direita, sem que a mão, ao fechar-se, seja tensionada. A mão fechada deve pousar na palma da mão esquerda (*Fig. 39e*).

39b

Kekka Fuza

Uma correta postura sentada é essencial para a realização do propósito do *Zazen*. Um corpo corretamente sentado e estabilizado assume a forma de uma pirâmide. A base é um triângulo plano imaginário, formado pelas linhas que unem os dois joelhos sobre *Zabuton* e o cóccix (*Fig. 39f*). As linhas das arestas diagonais, que se estendem a partir dos joelhos e do cóccix até o centro superior da cabeça, completam o triângulo da pirâmide. Depois que o triângulo básico estiver estabelecido, endireite a espinha, perpendicularmente, inclinando a parte superior do corpo ligeiramente para a frente. Ao mesmo tempo, ressalte as nádegas sem deslocar o corpo e, aos poucos, erga a parte superior do corpo como se estivesse empurrando o "céu" com o topo da cabeça. A combinação desses dois movimentos endireitará as costas, levando a espinha a uma posição natural. Agora, com o pescoço ereto, contraia os maxilares. Leve o abdômen inferior para a frente a fim de endireitar os quadris. O centro de gravidade (*Tanden*) coincidirá com o centro geométrico do triângulo básico (*Fig. 39g*). Balance o corpo da direita para a esquerda e de novo da esquerda para a direita algumas vezes. A amplitude dessa oscilação deverá ser grande no início, diminuindo gradualmente até o corpo se tornar firme e estável. Sente-se à vontade, mas permaneça solene e alerta, como se estivesse observando a área que o rodeia a partir do pico de uma alta montanha.

Torna-se necessário, agora, adequar os ouvidos, os ombros, o nariz e o umbigo a essa ordem. Relaxe os ombros. Verifique se o maxilar inferior está devidamente fechado. Verifique a parte anterior do pescoço e observe se a nuca está firme e ereta. Se tudo estiver nas posições corretas, as orelhas e os ombros estarão alinhados em relação ao eixo perpendicular do corpo. Em seguida, verifique a posição do abdômen inferior e dos quadris. Se o abdômen estiver para a frente e os ossos dos quadris eretos, o nariz e o umbigo estarão alinhados em relação ao eixo frontal e perpendicular do corpo que atravessa o centro de gravidade e o triângulo básico (*Fig. 39g*).

Deixe a ponta da língua tocar o céu da boca e feche a boca, a fim de que os dentes superiores e inferiores se toquem de leve. (*Isso ocorrerá de modo natural quando Kiai se tornar forte e dinâmica.*)

Os olhos devem agora estar voltados para a frente, bem paralelos ao chão. Abaixe os olhos, sem mover a cabeça, até fixá-los no chão, a uma distância de aproximadamente 1 metro. Não feche os olhos. Eles deverão estar voltados para baixo, nem vendo nem não vendo, numa tranqüilidade desinteressada. Para entrar no estado de concentração *Zen* e levar a força interior ao seu grau máximo, é importante ficar de olhos abertos. No *Zazen*, a mente tem de estar alerta o tempo todo; caso contrário, o nível espiritual almejado não se realizará. Em geral, pode parecer mais fácil unificar-se espiritualmente fechando os olhos. Neste caso, porém, tratar-se-á de um *Zazen* inerte. Na visão mais simples, se alguém deseja alcançar um estado mental relaxado, é mais fácil beber um copo de vinho e deitar-se do que adotar a difícil postura de um "Lótus parcial". Além disso, mantendo os olhos abertos, aprendemos a não correr o risco de adormecer durante a meditação. (*Fig. 39h*)

Tanden Soku é o modo calmo de respirar suave e profundamente em meditação. A concentração focaliza-se em *Tanden* (*Ki*), um ponto situado cerca de 6 centímetros abaixo do umbigo. A região mais ampla que rodeia o abdômen inferior e *Koshi* (*quadril*) é *Hara*.

Antes de iniciar *Tanden Soku*, comece a regular a respiração, inspirando profundamente e expirando demoradamente pela boca. O propósito desse ajuste consiste em criar uma harmonia entre a mente e o corpo com o ambiente ao redor. Esgote todo o ar viciado com a força gerada pela contração do abdômen inferior. Expire pela boca, como se estivesse criando um vínculo entre o ambiente e o abdômen inferior. Devido à pressão atmosférica, o ar novo entrará naturalmente através do nariz e preencherá o vácuo nos pulmões. Após inspirar profundamente, faça uma breve pausa. Com um movimento côncavo, estenda *Koshi* para a frente e relaxe os músculos do estômago a fim de estimular, de modo suave, uma sensação de estar preenchendo o abdômen inferior com o novo ar. Para tanto, contraia os músculos do ânus. Antes que esses movimentos se tornem desconfortáveis, comece de novo a expirar. Faça este ajuste da respiração de 4 a 10 vezes (*Fig. 39i*). Quando a respiração estiver regulada, comece a respirar através do nariz com a boca fechada. A inspiração deve ser natural. O ar entra, de fato, nos pulmões mas, relaxando os músculos ao redor da boca do estômago, pode-se provocar a sensação do ar queimando a região abaixo do umbigo. Expire pelo nariz. A expiração prolongada é dirigida a *Tanden* com a força dos músculos abdominais. Contraia os músculos do ânus e, ao mesmo tempo, empurre *Koshi* ereto para a frente. A força será sentida como se estivesse saindo da região abaixo do umbigo. Durante esta expiração da força, a tensão no abdômen inferior provoca um afastamento (*côncavo*) do estômago e alivia a pressão sobre a região estomacal. A concentração nas extremidades inferiores do corpo também relaxa os ombros e os órgãos das extremidades superiores. Os iniciantes devem praticar a respiração tendo em vista *Tanden* mas, aos poucos, precisam aprender a estimular a sensação do consumo de energia em vez da força física. A freqüência da respiração também deverá ser diminuída à medida que se começa a respirar inconscientemente. Quando a força vital está em *Tanden* e se mantém dentro dos limites de *Hara*, a força espiritual e a energia vital irradiar-se-ão através de todo o corpo. Isso estimula o processo de purificação da mente na meditação (*Fig. 39j*).

39c

Hanka Fuza

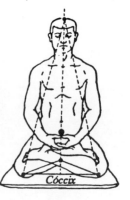

39f

Triângulo da pirâmide

Susoku é o método de contar a freqüência da expiração no processo respiratório. Conte a freqüência de um a dez. A expiração deve ser longa e a contagem que a acompanha precisará ter a mesma duração temporal. Um praticante adiantado conseguirá respirar quatro vezes por minuto. Deixe o "olho da mente" (*sensação interior*) acompanhar o ar exalado na contagem. Se houver um erro de contagem antes de chegar ao dez, recomece mais uma vez a partir de um. Para evitar a desintegração da respiração e da contagem de sua freqüência, é essencial fortalecer a concentração da mente na contagem e não na respiração em si, e sentir como se a respiração estivesse de acordo com a contagem (*Fig. 39k*).

Os iniciantes tendem a forçar em demasia a região do abdômen inferior devido à ênfase dada a essa região. Cada um precisa orientar-se adequadamente, pois a estrutura física de cada indivíduo é diferente. Deve-se aprender a sentar de modo a permitir que a energia vital (*Ki*) se irradie por todo o corpo em vez de forçar a pressão física no abdômen inferior. A diferença entre pressão física e força espiritual pode ser compreendida apenas depois de experimentar uma prática contínua do *Zazen*. A verdade está apenas no estado de *Mu* (*vacuidade-naturalidade desprovida de ilusões*). O corpo e a mente são levados a esse estado de vacuidade através da diligente concentração de todo o corpo em *Hara* e, simultaneamente, pela difusão da energia vital (*Ki*), irradiada a partir de *Tanden*, por todo o corpo.

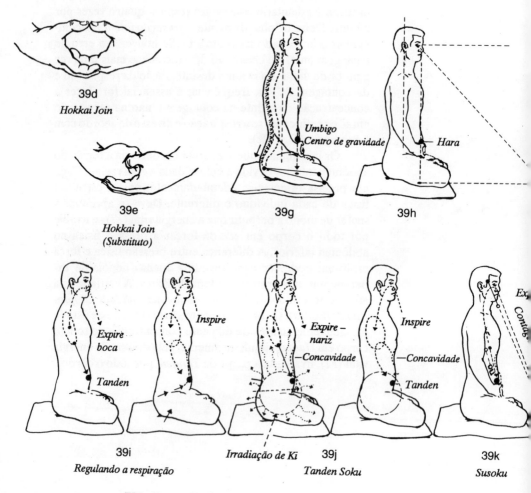

FIG. 39   ZAZEN

Dojo de Kyudo
Planejamento e equipamento

Dojo

Dojo é, literalmente, o campo de batalha da vida, um "campo de vida e morte". A única diferença entre ele e o campo de batalha de guerra é que, em *Dojo*, aquele que treina deve morrer várias vezes e viver para contar essas mortes como experiências que beneficiam seu desenvolvimento nos Caminhos e, eventualmente, poder transcender a vida e a morte.

Familiarizar-se com o ambiente e com o equipamento faz parte do Caminho *Zen* – observar de modo perceptivo e desenvolver uma perspectiva mais ampla. Portanto, é importante compreender e reconhecer as diversas coisas associadas à nossa arte de treinamento.

PLANEJAMENTO

Treinar em *Dojo* que conta com tudo aquilo que faz parte do planejamento prescrito é um sonho de *Kyudoka*. Contudo, esse não é um requisito básico para um treinamento significativo nos Caminhos. Utilizar todo espaço e recursos disponíveis e treinar com perseverança e sinceridade constitui o Caminho do arco.

Um planejamento típico de *Dojo de Kyudo* consiste em uma casa de disparo, uma área básica para a flecha e para as trilhas de recuperação da flecha e uma para a armação da casa do alvo. A distância entre *Sha-i* (*área do disparo*) e *Mato* é de 28 metros. As dimensões das áreas do alojamento variam segundo a disponibilidade do espaço e a quantidade de *Kyudoka* que *Dojo* deseja acomodar, ao mesmo tempo, na área de disparo. A largura da área de disparo geralmente é a mesma que a de *Azuchi* (*elevação de terra para o alvo*). *Azuchi* costuma ser erguido sob o telhado. A elevação pode ser feita com uma mistura de terra, areia e serragem. A quantidade de alvos que pode ser instalada sobre *Azuchi* depende do número de *Kyudoka* que a área de disparo pode acomodar num único disparo. A altura da elevação deve ter, no mínimo, 1,5 metro e o espaço entre a extremidade de *Azuchi* e a borda de *Mato* deve ser de 60 centímetros ou mais para que uma flecha errante possa ser detida com segurança. Uma típica instalação da casa do alvo é decorada com uma cortina suspensa no alto, ao longo de toda a extensão, cobrindo a parte superior de *Azuchi*. O centro da cortina fica ligado com uma corda decorativa. *Azuchi* deve ser regado periodicamente para evitar o endurecimento da terra. Após cada sessão de tiro ao alvo, a elevação tem de ser remexida e nivelada para o próximo disparo. *Azuchi* típico também não é um requisito básico ao processo de *Kyudo*. Desse modo, pode-se utilizar qualquer equipamento e recursos que estejam disponíveis. As costas do alvo do equipamento de arqueiro do tipo ocidental ou o fundo de um monte de feno também podem ser adequadamente utilizados.

FIG. 40   DOJO DE KYUDO

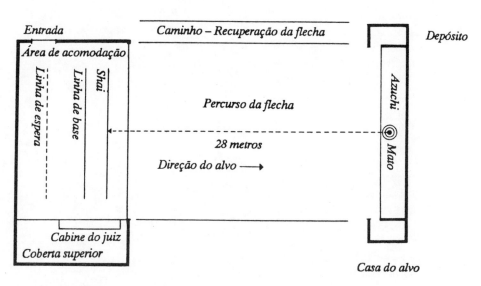

MANUTENÇÃO

Manter o equipamento e as instalações em condições favoráveis é uma parte essencial da disciplina espiritual. Desde que uma pequena peça é uma parte do todo, qualquer pequeno elemento desfavorável atua contra um desempenho integral. É inevitável que peças do equipamento se deteriorem com o uso e com o tempo. Contudo, uma peça velha e gasta do equipamento não se torna necessariamente inútil, caso seja preservada de modo adequado.

Seishin Choetsu

Yumi – *O Arco Resistente*
Uma experiência única

Makoto

O arco japonês, *Yumi*, era, originariamente, um arco pequeno, de acordo com o estilo chinês. Por volta do século X, o arco foi fixado em 2,20 metros mas, aos poucos, acabou ampliado até chegar aos 2,30 metros atuais, tornando-se o arco mais longo do mundo.

Yumi possui a singularidade de não ter *Nigiri* (*empunhadura*) em seu centro, como ocorre em muitos arcos, mas localizado a uma distância de cerca de 1/3 da base. Isso foi atribuído à estatura relativamente pequena do arqueiro japonês e a seu desejo de aumentar o poder do próprio arco aumentando a altura. Sendo *Yumi* assimétrico, o maior impulso vem da parte inferior do arco. A parte superior dele tem duas funções principais: suportar a corda do arco e servir de guia. No momento do disparo, a parte inferior do arco fornece uma forte aceleração suplementar. Trata-se também do único arco que se volta no momento do disparo. Esse movimento singular, *Yugaeri*, lança a corda completamente ao redor do pulso para o lado externo do antebraço, em vez do usual choque da corda com a parte interna do antebraço. Quando esse movimento é realizado de forma adequada, o resultado é uma experiência artisticamente singular e bonita.

A construção de *Yumi* também é notável. O cerne do arco é feito de várias tiras de bambu revestidas dos dois lados por tiras da amoreira (*Sobagi*). Os melhores arcos são aqueles que têm mais tiras, acima de 5 (*Higo*). O arco é muitas vezes classificado segundo o número de tiras utilizado na construção de seu cerne. Por exemplo, um arco de 5 tiras é chamado de *Gohon (5) Higo* ou *Gohon Shin* (*cerne*). De cada lado deste cerne de bambu e madeira (*Haze-amoreira*), duas tiras de bambu liso são laminadas. Por si mesma, a madeira da amoreira é macia e flexível. Pelo acréscimo do bambu, com sua grande força, *Yumi* torna-se um instrumento singularmente flexível, porém vigoroso.

A forma de *Yumi*, quando frouxo, também é incomum pois é contrária à da curva do arco.

Atualmente, o comprimento de *Yumi* vem sendo aumentado à medida que *Kyudo* se expande para fora do Japão e *Kyudoka* mais altos começam a praticá-lo. Esses *Yumi* alongados são classificados como *Nobi* (*esticar*), com o valor do aumento em polegadas japonesas (*Sun – 1.19 polegadas*). Por exemplo: 1 *Sun Nobi*, 2 *Sun Nobi*, etc.

Yumi é singular por várias razões e possui uma forma assimétrica, classicamente bonita.

Compare *Yumi* com um arco ocidental contemporâneo. *Yumi* é mais antigo do que nossa cultura ocidental e, no entanto, não sofreu nenhuma alteração durante muitas décadas. Ao contrário do arco ocidental, ele nunca chegou a ser aperfeiçoado mecanicamente. Por outro lado, o arco ocidental é um instrumento de alta precisão, igualável a uma arma de fogo de alta qualidade. Por que isso ocorre? A diferença filosófica entre *Kyudo* e o arco e flecha ocidental cria estados mentais de todo divergentes.

O arqueiro ocidental está basicamente envolvido com uma preocupação externa, que consiste em acertar o alvo. Assim, quando o arqueiro não consegue acertar o alvo, a culpa é posta nas condições exteriores. O importante são as suas façanhas ou o seu desempenho. Portanto, a tendência é observar o equipamento e aperfeiçoá-lo, em vez de observar a si mesmo. O aperfeiçoamento do arco tem sido um grande sucesso. Por outro lado, *Kyudoka* procura alcançar a maturidade, que consiste em transcender a dualidade (*sujeito/objeto*). Assim, a procura da causa desloca-se para dentro de si mesmo. Em vez de aperfeiçoar o arco, então, a preocupação volta-se para o treinamento no sentido de aperfeiçoar e alcançar essa maturidade. Agindo assim, o "olho da mente" volta-se para dentro em busca do espírito e todas as preocupações externas são transcendidas. *Kyudoka* torna-se, portanto, um Caminho de vida. O arco e flecha ocidental não deixa de ser um esporte e um passatempo.

A PREPARAÇÃO DO ARCO *(Yumi)*

Preparando o laço (Tsuruwa) na corda do arco (Fig. 42)

Para obter o comprimento aproximado da corda do arco, encaixe o laço preparado no entalhe do arco e coloque a corda sobre a superfície do arco, ao longo das curvas e da extensão do arco. Coloque os três (3) primeiros dedos da mão direita no topo e o dedo mínimo debaixo da outra extremidade do arco, num ponto onde começa o entalhe (*Fig. 42a*). O dedo indicador incide sobre o ponto onde começa o nó do laço. Siga a seqüência ilustrada para dar nó ao laço.

Preparando o ponto de entalhe (Nakashikake) na corda do arco (Fig. 43)

1. Coloque a corda no arco.

2. Para estabelecer o ponto do entalhe na corda do arco, coloque uma flecha ou uma corda num ponto acima do topo da empunhadura do arco e sobre a junta

que faz deslizar a flecha (*Yazurido*). Estique a linha até a corda do arco e ajuste até formar um ângulo de 90 graus em relação ao arco. Assinale o local na corda do arco. Friccione a área do entalhe com *Waraji* (*cânhamo preparado para friccionar*) a fim de fortalecer a corda.

3. Prepare um pequeno pedaço do cânhamo solto (*com mais ou menos 30 centímetros de comprimento*) com cola (*mucilagem*) e alise com as unhas. (*O cânhamo solto é facilmente obtido fervendo as cordas de arco quebradas para retirar a resina.*)

4. Ponha um pouco de cola na corda do arco ao longo da área a ser preparada e coloque uma ponta do cânhamo alisado sobre o lado anterior da corda do arco, a uns cinco (5) centímetros acima da marca.

5. Dobre o cânhamo alisado sobre a corda do arco trançando-o, no sentido horário até a marca e cerca de 5 centímetros além dela. O entrelaçamento, na verdade, mal a transpõe. Desça agora com o cânhamo sobre a primeira camada até 2,5 centímetros, aproximadamente, além do ponto assinalado e corte toda sobra.

6. Quando o entrelaçamento estiver completado (*espessura correta da empunhadura*) e a cola quase seca, opere o cânhamo com blocos de madeira. Enrole a corda entre os blocos de madeira na direção da junta.

7. Um apoio para a flecha pode ser preparado amarrando um pequeno pedaço de cânhamo com cola acima do ponto assinalado para o entalhe.

8. Passe *Waraji* em toda a extensão da corda do arco, sempre seguindo a direção do entrelaçamento.

Preparando e pondo a corda no arco (Fig. 44)

1. Coloque o laço da corda do arco (*Tsuruwa – a extremidade vermelha*), no entalhe superior (*Urahazu*). (*Normalmente, o lado da junta entrelaçado deve ficar à direita.*) Segure o excesso da parte inferior do laço da corda entre os dentes.

2. Enfie o entalhe superior do arco num buraco ou numa cavidade na parede.

3. Posicione os pés de modo a formar um pequeno ângulo.

4. Entrelace o polegar e o dedo indicador da mão esquerda e, com esse entrelaçamento, segure abaixo da empunhadura do arco ou na empunhadura do arco e, com a mão direita, segure com firmeza a extremidade inferior do arco. Pressione para baixo e apóie-se no arco com a mão esquerda, erguendo a extremidade inferior com a mão direita.

5. Mantenha o olhar sempre na ponta superior do arco a fim de manter o arco reto.

6. Quando o arco estiver suficientemente curvado para que se possa esticar a corda, apóie a extremidade inferior curvada sobre a coxa esquerda e libere a mão direita. Com seu peso, mantenha a pressão sobre o arco. Tire da boca o laço da corda e imprima a esta três (3) torções completas, no sentido horário. Coloque o laço no entalhe inferior do arco (*Motohazu*). A parte enrolada do laço deve ficar do lado de dentro.

7. Aos poucos, vá soltando a pressão exercida sobre o arco, mantendo o olhar na ponta superior do arco para conservar o arco e a corda em linha reta e alinhados. Se necessário, ajuste o alinhamento da corda em relação ao arco. Este estará corretamente encordoado quando o espaço entre a corda do arco e o pedaço de madeira superior (*Uwasaki Ita*) for de, aproximadamente, um quarto (1/4) de polegada e a largura entre a corda e a empunhadura do arco for mais ou menos idêntica à largura da mão fechada com o polegar esticado (*ou 15 centímetros*).

8. Examine o arco em relação à corda (*Fig. 44a*). Coloque a ponta superior do arco (*Urahazu*) no chão e segure a corda do arco entre o polegar e o dedo indicador na extremidade inferior. Observe o alinhamento da corda do arco em relação ao arco a partir da extremidade do entalhe inferior (*Motohazu*). A corda estará adequadamente alinhada se estiver ligeiramente à direita do centro do arco na empunhadura. Faça os ajustes (*Fig. 45b*).

9. Examine a curvatura do arco (*Fig. 44b*) para verificar se a curva superior está corretamente relacionada com a curva inferior. Coloque a ponta superior do arco no chão, deixando a corda do arco à esquerda. Estique o braço direito e coloque a curva inferior do arco na palma da mão direita. Segure a extremidade inferior do arco com a mão esquerda e observe ao longo do arco. Levando-se em conta a perspectiva, a largura mais estreita entre o arco e a corda da curva inferior deve mostrar-se igual à da curva mais larga da extremidade superior. Faça os ajustes (*Fig. 45a*).

10. Deve haver uma curva na empunhadura do arco. Se esse ponto estiver em linha reta, o arco perderá sua elasticidade. Faça os ajustes (*Fig. 45c*).

Corrigindo e ajustando as curvas e as torções do arco (Fig. 45)
(Não tente corrigir o arco se não estiver ainda realmente perito neste método.)

- Quanto às curvas e torções menores, a pressão é exercida sobre a área com a mão e com o peso do corpo. Deve-se sempre colocar a mão sobre uma junta do arco mais próxima da área afetada. Para corrigir torções mais resistentes do arco utiliza-se um pedaço de madeira (*Fig. 45a*).
- Para corrigir a deficiência de curvatura no local da empunhadura, apóie o centro da empunhadura sobre um pequeno travesseiro ou uma toalha

dobrada, medindo aproximadamente vinte (20) centímetros de largura e com 2,5 centímetros de espessura, no chão. Ponha os pés, a uma distância igual, sobre uma junta do arco. Segure a corda do arco com as duas mãos no centro e, lentamente, pressione para cima à medida que for endireitando as costas. Mantenha a pressão durante uns dez (10) segundos e, em seguida, solte-a lentamente. Repita este movimento três (3) vezes (*Fig. 45c*).

- Para corrigir o alinhamento da corda, posicione-se com os pés separados e dobre os joelhos. Coloque o arco de lado com a corda voltada para fora e para a frente e ponha-a entre a curva da perna e do torso. A extremidade superior do arco deve voltar-se para a esquerda ou direita, seja qual for o modo pelo qual o arco necessite ser curvado. Coloque as mãos sobre o arco, a uma igual distância uma da outra, e sobre uma junta do arco, com as palmas voltadas para fora. Com os braços e as costas esticados, agache-se, pressionando o arco contra as pernas e com a corda do arco tocando as coxas. Segure cerca de oito (8) segundos e, lentamente, volte à posição original. Repita várias vezes (*Fig. 45b*).

O mais importante em todos esses métodos de correção é que a pressão, suave e constante, seja exercida com a energia de *Hara*. Expire, lenta e intensivamente, até *Tanden*, à medida que for pressionando. Todos os pontos de pressão devem estar na junta do arco. Não pressione nas demais áreas. Limpe o arco ao final de cada processo.

Yumi deve ser desencordoado se não estiver sendo usado durante muito tempo.

YA (Flecha) (*Fig. 46*)

Take Ya é feito com bambu especial (*mashino dake*), cortado e deixado secar durante um determinado período de tempo. Os cuidados e a habilidade ao fabricar uma flecha de boa qualidade são uma obra de arte. As penas também são especialmente selecionadas e modeladas. As melhores são as de falcão e de águia mas, para fins de treinamento, as penas de certas aves, tais como cisnes e perus, são perfeitamente adequadas. O custo elevado e a não disponibilidade dos materiais acabou tornando muito alto o preço de uma flecha. Hoje em dia, as flechas feitas de hastes de alumínio especial têm ampla utilização.

As flechas de *Kyudo* são comparativamente mais longas que o tipo ocidental de flechas devido ao retesamento total em *Kyudo*. O comprimento de cada flecha (*Yazuka*) é determinado pela estatura física de *Kyudoka*. *Yazuka* é medido a partir do centro do tórax até alcançar a ponta do dedo mais comprido, mantendo o braço e a mão esticados. A essa distância acrescentam-se 5 ou 7 centímetros como medida de segurança.

A ponta da flecha (*Itazuki*) na flecha de tiro contém um pequeno ponto saliente. *Makiwara Ya* utiliza uma ponta arredondada e macia. Uma cabeça de ponta macia e cuneiforme também é utilizada nas flechas com haste de alumínio. Esse tipo de ponta pode ser usado tanto para *Makiwara* como para *Mato*.

As flechas são feitas aos pares: *Haya* (*primeira flecha*) e *Otoya* (*segunda flecha*). As duas juntas constituem um grupo. Três penas, cortadas ao meio, são colocadas em cada flecha. Prepara-se o entalhe de modo que *Hashiriba* (*pena que corre*) fique voltada para cima e as duas penas restantes fiquem voltadas para baixo quando a flecha for colocada na corda do arco. As três penas possuem um entalhe no centro e as três metades à direita são colocadas em uma flecha enquanto as três metades à esquerda são colocadas na outra flecha do mesmo grupo. Quando uma pena é dividida ao meio, os centros das duas metades ficarão diferentemente dispostos. Portanto, as penas de *Haya* terão uma inclinação à esquerda quando observadas a partir da extremidade do entalhe, ao passo que *Otoya* terá penas inclinadas à direita. Quando *Haya* for encaixada na corda do arco, as costas de *Hashiriba* ficarão à vista. *Haya* e *Otoya* podem ser facilmente determinadas segurando as duas flechas juntas com as penas voltadas para a direita. Os centros da pena de *Haya* estarão no lado de cima da haste da flecha enquanto os centros de *Otoya* estarão no lado inferior. Uma vez que as penas *Haya* inclinam-se para a esquerda, a flecha girará no sentido horário, ao passo que *Otoya* rodopiará no sentido anti-horário.

    A haste de bambu tem cinco juntas, incluindo o ponto do entalhe. (*A haste lisa de alumínio, obviamente, não possui juntas.*) Cada junta é adequadamente denominada. As penas são colocadas na flecha levando-se em conta os olhos das juntas. Observando os olhos na haste da flecha pode-se determinar o posicionamento correto na preparação do lugar da segunda flecha paralela à primeira flecha na seqüência de *Yatsugae*. A calha da pena da segunda flecha encaixar-se-á automaticamente na haste da primeira flecha quando o olho do lado da ponta da flecha estiver posicionado de modo a ficar claramente visível.

    Convém cuidar das flechas após cada sessão de tiro ao alvo. Cada flecha deve ser enxugada até que se elimine toda a umidade. Pode-se manter uma haste reta e precisa enxugando-a até um ponto em que a fricção se torne quente. As penas devem ser periodicamente aquecidas a vapor a fim de se corrigir qualquer rachadura ou tendência a se entortarem.

YUGAKE (Luva)

A luva é sempre colocada ou tirada na postura sentada (*Seiza*) ou de joelhos.

COLOCANDO A LUVA (*Fig. 47b*)

- Ponha a luva nas duas mãos e erga-as diante do rosto (*Gassho*) num gesto de estima e gratidão (*Fig. 47a*).
- Coloque a luva sobre o colo, voltada para cima, e estenda a correia à esquerda, ao longo do solo.
- Coloque a parte de baixo da luva (*Shitagake*) (*d*) na mão direita e vista-a, certificando-se de que os dedos e os polegares estejam corretamente posicionados.
- Coloque a luva, com a palma para cima, no colo e disponha a aba da luva deixando a estreita correia alinhada e paralela ao lado superior da aba (*e*). Continue a enrolar a correia ao redor do pulso (*f*). O movimento circular deve ser feito com a mão enluvada. A mão esquerda serve apenas como

guia. O movimento deve ser executado com o cotovelo erguido e os braços paralelos ao chão (*b*).
- Deixe aproximadamente 20 centímetros ou mais da correia na ponta. Torne a colocar a luva sobre o colo. Afrouxe ligeiramente a correia e dê um nó tal como recomendado (*g-h-i-j*).
- Não amarre a correia de modo muito apertado. Ela deve poder mover-se livremente, sem qualquer incômodo.
- Nunca deixe de adotar a posição da mão enluvada (*Torikake*) quando não estiver no processo do tiro, colocando os dedos e o polegar na posição do disparo. Isso serve para criar um hábito natural à mão enluvada (*k*).

TIRANDO A LUVA (*Fig. 47c*)
- Coloque a mão enluvada sobre o colo, com as palmas voltadas para cima, e solte o nó.
- Segure com firmeza a ponta solta da correia com a mão esquerda.
- Levante o cotovelo direito, com os braços paralelos ao chão, deixando o lado interno da luva voltado para baixo.
- Com um movimento circular do antebraço direito, desenrole a correia sobre a mão esquerda, que permanece imóvel segurando a correia (*Fig. 47c*).
- Coloque a correia enrolada dentro da luva aberta. A luva aberta deve ser arejada imediatamente após ter sido usada. Além disso, remova a parte interna da luva, feita do pano, e deixe-a tomar ar.

CUIDADOS COM A LUVA
Kake deve ser periodicamente limpa e tratada. Use um pedaço de pano macio com sabão suave e água morna ou um líquido de limpar couro. A área do entalhe, que guia a corda, deve ser tratada com uma fina camada de resina vegetal ou cera preparada para luva com um pequeno soldador para penas.

As luvas devem ser arejadas toda vez que forem usadas e permanecer enroladas e amarradas no sentido do comprimento quando forem transportadas ou quando ficarem sem uso durante um certo período de tempo.

Shitagake deve permanecer sempre limpo.

MATO (Alvo)
Mato está invariavelmente associado a *Kyudo* mas, ao contrário do arco e flecha, enquanto esporte, ele não é utilizado como alvo segundo o sentido que se pretende emprestar a esta palavra. Em *Kyudo* de Chozen-Ji, o alvo é apenas um objeto de utilização sob a forma de instrumento de medição e como uma provocação ao nosso treinamento espiritual. Acertar *Mato* constitui um resultado do nosso progresso e não uma conseqüência das nossas habilidades técnicas e físicas, e o fato de errar o alvo só se torna motivo de preocupação quando não treinamos com maior dedicação no sentido de favorecer o progresso espiritual.

Se praticamos *Kyudo* em sua essência, a flecha torna-se uma extensão da alma e, como tal, ela é a "flecha viva". *Mato* serve como instrumento de medição do efeito da penetração da flecha. A "flecha viva" penetra o alvo de modo suave e profundo, ao passo que uma "flecha morta" apenas danifica a superfície do alvo. *Mato* também é usado para escarnecer daquele que treina enquanto uma provocação ao ego. A forma visual e a execução do processo de *Kyudo* invariavelmente aferem nossa preocupação externa em acertar o alvo e definem o grau do nosso progresso espiritual.

Uma vez que *Mato* é utilizado nos sentidos acima mencionados, na verdade não importa que tipo de alvo usamos. Contudo, já que existem vários tipos de *Mato* disponíveis é melhor utilizá-los.

Mato pequeno tem um diâmetro de aproximadamente 35 centímetros. *Kasumimato*, com diversos círculos, é empregado para diversas finalidades. *Hoshimato*, com um centro, é utilizado para treinamento. Imprime-se o alvo num papel (*Matogami*). O papel é colocado num molde oval de madeira (*Matowaku*) e colado. Há vários *Matowaku* menores, com um diâmetro de 7,5 a 12,5 centímetros, que podem ser utilizados para o treinamento de iniciantes. Recorre-se a esses alvos pequenos para reduzir a preocupação do iniciante quanto à existência de um alvo, de modo que a atenção possa ser dirigida para a correção da postura e da técnica e não para o fato de acertar o alvo.

A colocação de *Mato* sobre *Azuchi* varia segundo a distância da linha de disparo. A distância prescrita de 28 metros requer que o centro do alvo seja colocado a aproximadamente 27 centímetros da base da elevação de terra. Isso corresponde a cerca de 6 centímetros desde a base de terra até a parte inferior do círculo do alvo.

Há vários modos de fixar o alvo. Uma maneira consiste em utilizar um bambu, com cerca de 45 centímetros de comprimento e 2,5 centímetros de largura, calçando-o numa das pontas. Isso pode ser feito amarrando um pedaço de bambu menor ao pedaço longo. Introduz-se o círculo do alvo na parte superior do bambu; a outra ponta do bambu é introduzida na elevação de terra. A parte inferior do círculo do alvo também é encaixada na terra.

Há ainda um alvo largo, *Omato*, geralmente utilizado para tiros a longa distância. Ele mede cerca de 1,5 metros de diâmetro. Uma formação de palha, de contorno arredondado, similar à armação ou formação de palha do alvo de tiro ao alvo ocidental, é usada para *Omato*.

E à medida que você começa a compreender a função de *Mato* no sentido material, deve também começar a relacionar a essência de *Kyudo* à vida. Desse modo, perceberá que o alvo contém um segredo que só pode ser revelado quando ingressamos em *Zen*.

MAKIWARA [escora de treinamento (para flechas) de palhas amarradas]

Makiwara é feito de palhas amarradas firmemente, de modo a formar um receptáculo arredondado para as flechas. É especialmente usado para os iniciantes, visando tirar deles a preocupação com o alvo, para que possam voltar sua atenção para a postura, o estilo e a técnica.

Embora sua função como escora para flechas pareça insignificante, *Makiwara* é um dos equipamentos mais importantes de *Kyudo*. Aqui começa o treinamento, e o resultado definitivo do nosso treinamento consiste no melhor modo em que utilizamos esse equipamento. Em termos psicológicos, a mente humana age de uma maneira peculiar. No início, ao nos posicionarmos diante de *Makiwara*, mantemos o ego oculto e podemos desenvolver a postura, a forma e a técnica com um alto grau de proficiência. No entanto, quando dele nos afastamos e nos voltamos para o alvo, invariavelmente *Mato* faz o ego emergir e enfraquece o grau de proficiência, seja ele qual for, que tínhamos adquirido. Essa deficiência de desenvolvimento espiritual envia *Kyudoka* de volta a *Makiwara* várias vezes. Percebemos a falta de progresso quanto à busca de maturidade para transcender a dualidade. A prática assídua em *Makiwara* incutirá, conseqüentemente, a espécie de disciplina necessária para suprimir o ego e alcançar a proficiência na arte.

Com o passar do tempo, começamos a reconhecer a importante função desse monte passivo de palhas. Muitas vezes ele traz consolo a todos os que a ele retornam e os envia de volta com uma confiança renovada. Ele nada diz, mas tudo vê.

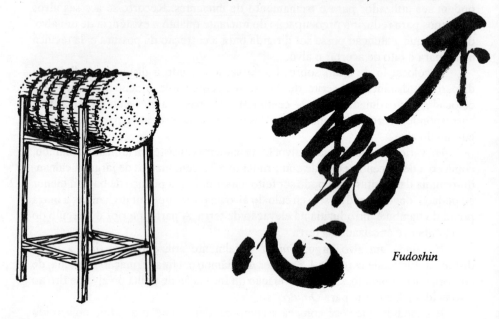

Fudoshin

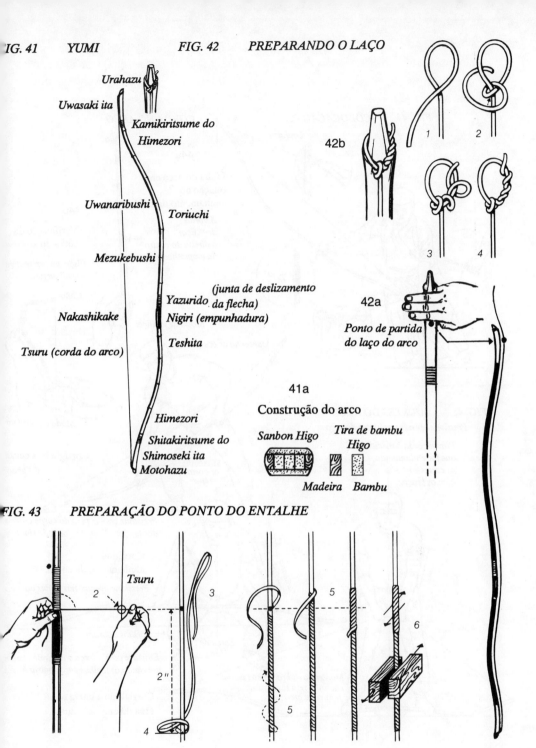

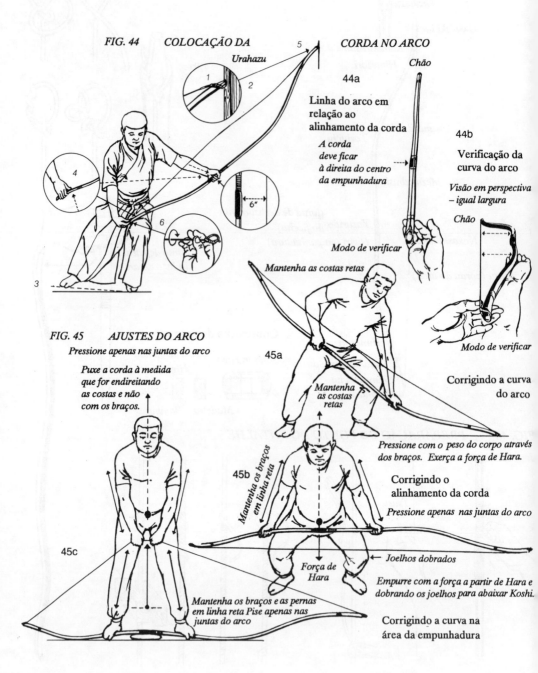

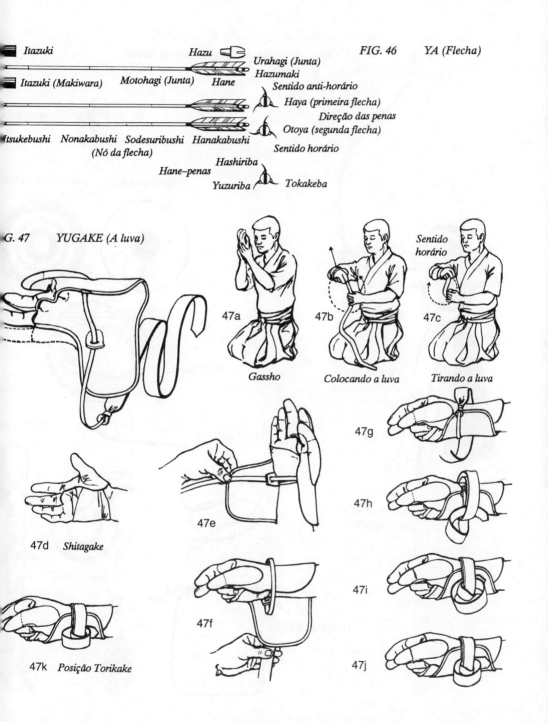

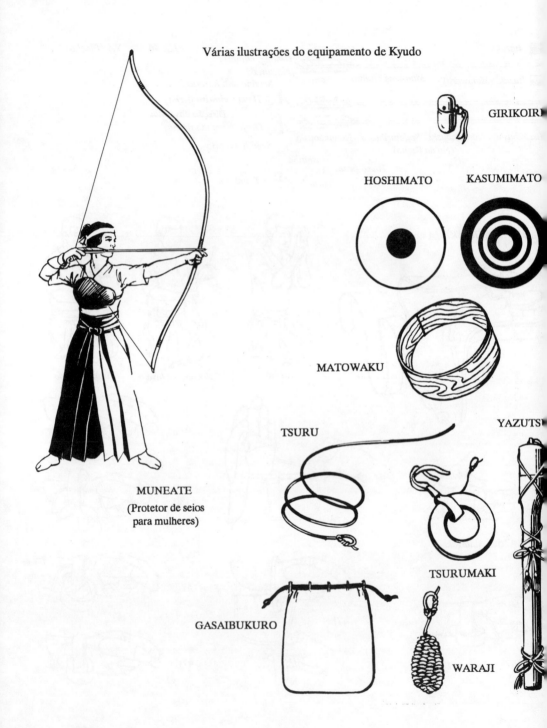
Várias ilustrações do equipamento de Kyudo

HAKAMA   Amarrando Hakama para Keiko Gi   *FIG. 48*   HAKAMA

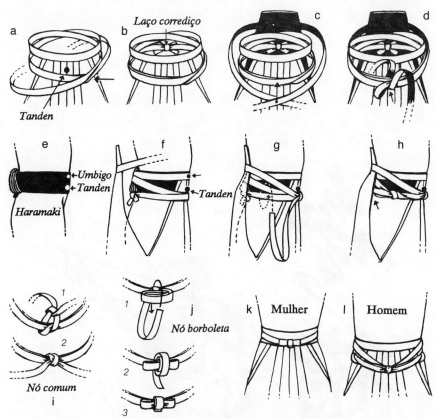

Coloque a faixa da frente ao longo da borda superior de *Haramaki* (*e*) e passe os cintos de faixa ao redor das costas. Cruze os cintos nas costas (*a*) e passe-os na frente. O cinto que vem da direita deve ficar abaixo do nível de *Tanden* (*a-f*). Cruze o cinto que vem da esquerda sobre o que vem da direita num ponto à esquerda do centro (*a*). Dobre o cinto direito sobre o esquerdo nesse ponto e passe-o ao redor das costas. Passe também o cinto esquerdo ao redor das costas. Dê um laço corrediço no centro das costas, abaixo de *Haramaki* (*b-f*). Forme a parte de trás de *Hakama* e apóie sua parte inferior no topo do laço *Haramaki* (*g*). Traga os cintos das costas para a frente e, bem no centro, cruze o esquerdo sobre o direito. Dobre o cinto direito sobre o esquerdo (*d*) e introduza a ponta do cinto esquerdo sob toda a camada de cintos a partir de baixo (*d*). Dê um nó comum (*i*). A partir de cima, introduza as pontas soltas dos dois cintos duas vezes através dos dois cintos dianteiros existentes de cada lado (*g*). Esconda as pontas soltas sob *Haramaki* (*h*).

As mulheres têm de usar *Hakama* mais erguido a fim de corresponder exatamente à forma da cintura, e devem amarrar as pontas soltas dos cintos com um nó borboleta (*j*).

Mu Jukkei

Glossário
(Termos de Kyudo e de Chozen-Ji)

AOSO	Fibra de cânhamo usada para a corda do arco.
ARIAKE	Um modo de apontar para o alvo (*não usado em Kyudo de Chozen-Ji*).
ASAI	Leveza ao empunhar o arco.
ASHIBUMI	(*Dar um passo ou mais*) Primeiro estágio de *Hassetsu*. Formar uma postura de base.
ATARI	Atingir o alvo com a flecha.
AZUCHI	Elevação de terra da área do alvo.
BUDO	Caminhos marciais.
DAISAN	(*Os três grandes*) Movimento inicial no quinto estágio de *Hassetsu* (*Hikiwake*). Movimento muito importante para um retesamento bem-sucedido do arco.
DŌ	(*Michi Tao*) Como em *Kyudo* – o Caminho de.
DOJO	Salão de treinamento.
DOZUKURI	(*Posicionando o torso*) Segundo estágio de *Hassetsu*. Formar uma sólida postura de base.
FUDEKO	Pó para a empunhadura do arco.
FUDO/NIO	Guardiães do Budismo – *Fudo*, o inamovível, e *Nio*, o indomável. Ambos simbolizam disciplina e *Kiai* (ver página 166).
GASSAIBUKURO	(*Maleta*) Maleta para equipamento de manutenção.
GIRIKO	(*Resina*) Pó para a luva.
GIRIKOIRE	Estojo para o pó.
HAKAMA	Saia com pregas usada no traje tradicional de *Kyudo*.
HANAKA–BUSHI	Junta da flecha localizada no centro das penas (*primeira junta*).
HANARE	(*Liberar*) Sétimo estágio de *Hassetsu*.
HANE	Penas da flecha.
HANSHI	(*Mestre*) O título mais alto em *Kyudo*.
HARA	(*Ver Tanden*) A região abdominal que circunda a energia vital (*Ki*) ou um estado mental no desenvolvimento do nosso caráter.

HARAGEI	A arte de controlar a energia *Ki*.
HARAMAKI	Cinto de *Hara*.
HAYA	A primeira flecha do par de flechas disparado em *Kyudo* (*as penas se curvam no sentido anti-horário*).
HAZU	Entalhe da flecha.
HAZUMAKI	Junta abaixo do entalhe da flecha.
HEGI	Tipo de disparo oriundo de *Hegi Ryu* (*escola*) (*ver Fig. 34*).
HIGO	O cerne do arco, formado por três (3) a cinco (5) tiras de bambu (*Sanbon Higo, Yonhon Higo, Gohon Higo*).
HIKIWAKE	(*Retesar o arco – retesamento ao lado*). Quinto estágio de *Hassetsu*.
HIMO	Correia da luva.
HITOTSU MATO	Um alvo – Uma seqüência de disparo em grupo (*ver página 55*).
HITSUKO	(*Resina*) Pó para a empunhadura.
HIZA GAMAE	Uma postura de disparo em Chozen-Ji – agachando-se sobre um joelho. *MOTO* (*Ying Kiai*) usando o joelho esquerdo. *URA* (*Yang Kiai*) usando o joelho direito (*ver Fig. 42*). Também um *Taihai* em *Kyudo* de Chozen-Ji.
HOJO	*Budo* principal de Chozen-Ji. A lei que estabelece o Caminho da arte do esgrimista.
HOSHIMATO	(*Alvo estrela*) Alvo com um marco no centro (*36 centímetros de diâmetro*).
ITATSUKI	(*Yajiri*) Ponta da flecha.
IZUKE–BUSHI	Junta da flecha na haste, perto da ponta da flecha (*quarta junta*).
JINKAKU	Caráter; individualidade; personalidade (*Jinkaku no Hito – uma pessoa de caráter nobre*).
KAI	(*Encontro*) Sexto estágio de *Hassetsu* – o estágio mais importante (*ver página 80*).
KAIZOE	O ajudante ou assistente do executor em *Kyudo*.
KAMAE	Postura – a atitude de preparação (*gamae*).
KAN	Perceber à luz da verdade – percepção intuitiva. Um dos estados importantes da mente, necessário para a proficiência em *Kyudo* de Chozen-Ji.
KANTEKI	(*Penetrar*) Uma fase em *Kyudo* na qual começa-se a voltar os olhos para dentro a fim de alcançar o espírito e livrar-se da preocupação exterior em relação ao disparo.
KARATE	Mão vazia. Um movimento simbólico em *Kyudo* de Chozen-Ji. A mão vazia significa sinceridade e honestidade no disparo. A palma voltada para o céu simboliza o "vazio"... uma indicação de que nenhum expediente desonesto aí se oculta (*ver Figs. 35-37*).
KASUMIMATO	(*Alvo da neblina*) alvo normal com três (3) círculos (*36 centímetros de diâmetro*).
KATA	Estilo, forma.
KEIKO–GI	Parte superior do traje prático.
KI	A energia intrínseca, energia espiritual e vital, que emana de *Tanden*.
KIAI	Energia-vibração espiritual.

KIAI TAIHAI	Treinamento de *Kyudo* em Chozen-Ji para ajudar os estagiários na manutenção de altos níveis de energia (*Kiai*) e de sutileza em qualquer tempo e espaço. Inclui uma poderosa atuação da respiração e o uso de *Ki-ai* (*ver página 113*).
KI-AI	Prolongamento audível do nosso nível de energia (*Yagoe* em *Kyudo* de Chozen-Ji).
KIZA	Ajoelhar – sentando-se, ereto, sobre os pés.
KIZA ZEN GAMAE	Postura de *Kyudo* de Chozen-Ji. Uma posição para contemplação (*ver Fig. 43*).
KUSUNE	(*Resina vegetal*) Usada para colocar a corda do arco e a parte da luva com a qual se segura a flecha em condições.
KUFU	(*Kung Fu*) Alto nível de treinamento espiritual de autodomínio para alcançar *Mushin*.
KYOSHI	Mestre no ensino, instrutor (*o segundo título mais elevado em Kyudo*).
KYUDO	O "Caminho do arco", também chamado de *Shado*.
KYUDOKA	Aquele que treina em *Kyudo*.
MAKIWARA	Escora de treinamento (para flechas) feita de palha.
MAKIWARA SHAREI	Execução espiritual em *Makiwara*. O homem interior que reconhece o espírito de *Kyudo*. Uma execução bastante disciplinada no uso de *Reigi-Saho*. Em Chozen-Ji, *Sharei* também é usado para o treinamento a fim de desenvolver *Kan* (*percepção intuitiva*); uma apresentação dupla feita simultaneamente em dois *Makiwara* em extremidades opostas.
MATO	Alvo.
MATOGAMI	(*Papel*) Face do alvo.
MATOWAKU	Armação do alvo feita de madeira (*em formato circular*).
MEZUKEBUSHI	Junta do arco acima da ligação por onde desliza a flecha; onde *Ki* é aplicada no impulso do retesamento (*Hikiwake*).
MONOMI	(*Observar o alvo*) Parte do terceiro estágio (*Yugamae*).
MOTOHAGI	Junta bem abaixo das penas da flecha.
MOTOHAZU	Entalhe da corda do arco na extremidade inferior do arco.
MUNEATE	Protetor torácico para mulheres.
MUSHADO	O grau máximo em *Kyudo* de Chozen-Ji – "o Caminho do não-disparo". Quando o "olho da mente" de *Kyudoka* encontra-se, finalmente, voltado para o interior em busca do espírito, o sujeito torna-se um com o objeto e o caminho é claro "para disparar sem disparar". Além disso, quando "isso" dispara por você, o envolvimento consciente no ato de disparar não mais existe e estamos livres da escravidão do egoísmo.
MUSHIN	Mente natural, isenta de ilusões. Mente absoluta.
NAKADACHI	Pessoa ou pessoas no meio num disparo em grupo.
NAKASHIKAKE	Parte reforçada da corda do arco onde a flecha é colocada no arco.
NERAI	Mira (*ver página 115*).
NIGIRI	Empunhadura do arco.
NIGIRIKAWA	Couro usado para a empunhadura do arco.
NOBI	Expansão do tórax no momento em que se libera a flecha.
NOBI	Prolongamento no comprimento dos arcos (*1 Sun Nobi; 2 Sun Nobi, etc.*).

NONAKABUSHI	Junta da flecha localizada no meio da haste (*terceira junta*).
OCHI	O atirador âncora ou a última pessoa a disparar no grupo.
O-MATO	Alvo grande – alvo com 1,58 metros de diâmetro usado para disparos a longa distância.
OTOYA	A segunda flecha do par de flechas disparado em *Kyudo* (*as penas curvam-se no sentido horário*).
OUMAE	O líder no disparo em grupo.
REI	Curvar-se em sinal de respeito.
RISSHA	Movimentos em pé na preparação do disparo.
RYU	Reverência em *Kyudo*.
RYUHA–RYU	Escola de. O fluxo dos ensinamentos de uma determinada escola de Caminhos marciais.
REIGI–SAHO	Etiqueta; conduta; decoro; boas maneiras.
RENSHI	Treinador.
RENSHU	Treinamento.
SAMAHDI	Estado mental totalmente concentrado no próprio reino do eu absoluto e abnegado que estabiliza nossos pensamentos e imaginações confusos e agitados. O dualismo não existe e nos libertamos do medo e da insegurança. Perfeita unificação.
SEIZA	Posição sentada – sentar-se calmamente.
SENSEI	Professor.
SHA	Disparar ou o ato do disparo. Em *Kyudo*, o ato físico do disparo é transportado para o reino da consciência espiritual.
SHADO	(*Kyudo*) O Caminho da arte do arqueiro.
SHA'GI	Habilidade no disparo; nobreza na arte.
SHA'HIN	Caráter no disparo; nobreza.
SHA'I	Área na qual *Kyudoka* adota a postura para disparar.
SHA'KAKU	Aptidão no disparo; distinção.
SHAREI	Forma cerimonial de *Kyudo*.
SHIKI NO KIAI TAIHAI	Uma das seqüências de treinamento em *Kyudo* de Chozen-Ji. A harmonia do corpo na execução de seguir o exemplo da vibração das quatro estações.
SHIKISHA	Aquele que executa *Shiki Taihai*.
SHINGAN	O "olho da mente". Percepção a partir do coração.
SHINKI	O espírito.
SHIN KI ROKU ICHI	Unidade da mente e do corpo mediante uma respiração apropriada – o estado no qual *Kyudo* revela força e beleza graciosas.
SHINSHA	Uma das seqüências de treinamento em *Kyudo* de Chozen-Ji. A arte do disparo puro. A disciplina do corpo para criar um propósito – a concentração que se alcança a fim de criar um estilo natural que expressa a unidade (*estado puro*).
SHITAGAKE	O pano sob a luva.
SHODO	O Caminho da escrita (pincel) (*caligrafia espiritual considerada o Sétimo Caminho Marcial*).
SHUGYO	(*Tornar-se um com o universo*) O mais elevado nível do treinamento espiritual.
SOBAGI	Tira lateral da madeira da amoreira usada para fazer o arco.
SODESURIBUSHI	Junta da flecha localizada na parte superior da haste (*pouco antes das penas*).

SONOI	O último estágio de harmonia entre a mão direita e a mão esquerda.
SUN	Medida de polegada japonesa (*1,193 polegadas – designador para os arcos mais longos, Sun Nobi, 2 Sun Nobi, etc.*).
TABI	Meias japonesas (*calçados de pano*).
TAIHAI	Harmonia do corpo; estabilidade, equilíbrio; na execução dos movimentos e posturas nos estágios de *Kyudo*.
TANDEN	(*Ver Hara*). Centro espiritual do ser; área da energia *Ki*, situada abaixo do umbigo.
TANDEN SOKU	Respirar suave e calmamente durante a meditação, concentrando-se em *Tanden*.
TANREN	(*Forjadura espiritual*) Primeiro nível do treinamento espiritual.
TENOUCHI	A arte de segurar a empunhadura do arco com a mão esquerda.
TAO	(*Ver Dõ*).
TOTEKI	(*Mirar, acertar*) Fase em *Kyudo* na qual estamos voltados para preocupações externas, tais como mirar e acertar o alvo.
TORIKAKE	Segurar a corda do arco com a luva.
TORIUCHI	Curvatura superior do arco.
TSURIAI	Harmonia total entre os braços ao retesar completamente a corda do arco.
TSURU	Corda do arco.
TSURUMAKI	Recipiente para a corda do arco (*em geral para carregar o excedente da corda do arco preparada*).
TSURUWA	Laço da corda do arco.
UCHIOKOSHI	(*Erguendo o arco*) Quarto estágio de *Hassetsu*.
URAHAGI	Junta bem acima das penas da flecha.
URAHAZU	Entalhe da corda do arco na extremidade superior do mesmo.
UWANARIBUSHI	Junta no arco que constitui o ponto focal para a centralização do arco em relação ao corpo em *Yugamae* (*terceiro estágio*).
WARAJI	Fio de cânhamo, revestido de resina, entrelaçado num formato oval e usado para colocar a corda do arco em condições.
YA	Flecha.
YABUSAME	*Kyudo* a cavalo.
YAGOE	(*Ver Ki-ai*) Som audível – Yaaa Eh! (*primeira flecha*), Eh! (*segunda flecha*).
YAGORO	O fortalecimento gradual do poder mental e físico até alcançar o grau máximo antes de *Hanare*. A concentração está voltada para *Tanden (Hara)*.
YAJIRI	(*Itatsuki*) Ponta da flecha.
YASUMEZURU	Um laço pequeno na extremidade do arco para manter a corda no lugar quando o arco está frouxo.
YATATE	Caixa de madeira para deter as flechas.
YATORI	Aquele que recupera a flecha.
YATSUGAE	Preparando a flecha para colocá-la no arco.
YAZUKA	Cálculo do comprimento da flecha de um indivíduo – mede-se a partir do centro do pescoço até a ponta dos dedos, deixando o braço esticado, e acrescenta-se 5 a 6 centímetros a essa medida (*mais ou menos a largura de três dedos*). Também usado como medida para a largura da extensão na postura – *Ashibumi*.

YAZURIDO	Junta média do arco (*acima da empunhadura do arco*) por onde desliza a flecha.
YAZUTSU	(*Aljava*) Estojo para carregar as flechas.
YUDAOSHI	(*Abaixando o arco*) Movimento que dá seqüência ao último estágio (*Zanshin*), dele fazendo parte.
YUGAERI	O giro autônomo do arco no momento do disparo (*Hanare*).
YUGAKE	(*Kake*) Luva de couro para empunhar e retesar a corda do arco (*geralmente, de três a cinco dedos*).
YUGAMAE	(*Posicionando o arco*) Terceiro estágio de *Hassetsu*. Estado de preparação – a atitude (*postura*) e o modo com que se maneja o arco.
YUMI	O arco.
YUMIFUDOKORO	A forma elíptica dos braços segurando o arco quando começam a erguê-lo (*Uchiokoshi*).
ZAITEKI	(*Existir – tornar-se um com*) A fase suprema em *Kyudo*, quando eliminamos todas as inibições, sejam elas emocionais ou intelectuais, para nos tornarmos um com o universo, fazendo de *Kyudo* um Modo de vida.
ZANSHIN	(*Coração/mente duradouros*) Último estágio de *Hassetsu*.
ZASHA	Movimentos na posição sentada na preparação do disparo.
ZAZEN	Meditação *Zen* na posição sentada (*ver página 130*).
ZAZEN TAIHAI	Outra sessão de treinamento em *Kyudo* de Chozen-Ji. Uma seqüência muito longa na qual a contemplação (*meditação*) é necessária para se manter a mente clara e aberta para a concentração.
ZEN	Abordagem filosófica para buscar nosso eu mediante o treinamento espiritual e a compreensão do corpo (*ver página 166*).

Pós-Escrito e Agradecimentos

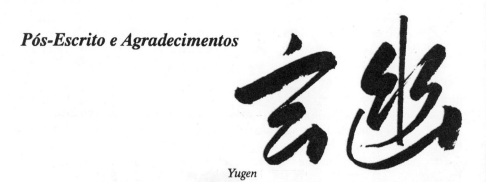

Yugen

Atualmente, poucos *Dojo* praticam *Kyudo* na concepção de *Zen*. No entanto, um conceito é apenas uma coisa; a verdade está na execução. O treinamento de *Kyudo*, é deficiente nesse ponto. Saber e fazer não é a mesma coisa. O *Zen* não é um conhecimento e, sim, uma experiência. Desde que o *Zazen* é o princípio básico no *Zen*, qualquer *Dojo* de *Kyudo*, que aspire ao conceito do *Zen* mas não adere ao *Zazen* em seu treinamento, é ilusório. O *Zazen* é um requisito básico para todos os Caminhos Marciais em Chozen-Ji.

Kyudo em Chozen-Ji não está vinculado a nenhum *Ryuha* (*escola*) de *Kyudo* ou associação do Japão, e tampouco é por elas influenciado. O interesse de Chozen-Ji está no *Zen*; os Caminhos Marciais são apenas parte do processo de treinamento. *Kyudo*, portanto, é utilizado apenas como um meio para a realização do *Zen* e, como tal, não é uma entidade importante em si mesma. Enquanto parte importante do desenvolvimento espiritual, *Kyudo* adere, rigorosamente, à essência do *Dō* (Caminho). A partir do momento em que o processo de treinamento está atrelado a essa idéia, a Escola Chozen-Ji de Kyudo não segue nenhum estilo específico de *Ryuha* oficial mas abrange todas as formas que se adequam à realização do seu objetivo. As seqüências inovadoras de treinamento de *Kyudo* também são exclusivas deste *Dojo*.

Kyudo em Chozen-Ji não tem valor material ou esportivo. Na ausência de uma recompensa extrínseca, o que motiva um *Kyudoka* a treinar, continuamente, no Caminho?

Kyudo é um esforço individualista e é praticado apenas dentro dos limites da nossa própria capacidade. A necessidade de nos comparar com os outros ou de exibir nosso ego não é predominante. Dessa maneira, a necessidade de acertar repetidamente o alvo reduz-se à função de um instrumento de medição que orienta nosso desenvolvimento no treinamento. Além disso, a capacidade de acertar o alvo não significa, necessariamente, um domínio da arte. Qualquer um pode aprender a acertar o alvo dedicando-se a determinados ajustes técnicos. A proficiência na arte está em nossa capacidade de transcender os valores exteriores e retornar à naturalidade onde nenhum eu é reivindicado. Na ausência do ego, o dualismo deixa de existir e desenvolvemos a maturidade ao transcender a relatividade das coisas tais como se apresentam na vida cotidiana sem, contudo, abandoná-las. Esse é o valor de *Kyudo*. Contudo, o valor verdadeiro não conhece nenhum benefício, portanto ele tem valor. Se a nossa motivação busca a recompensa inata de *Kyudo* através do treinamento diligente, não sentiremos o gosto do fruto do Caminho. *Kyudo* em Chozen-Ji deve ser praticado apenas com uma consciência da mente e do corpo, agindo em harmonia com o processo adequado de respiração e permitindo que a naturalidade tome conta de todo o ser. O Caminho é claro para aquele que dispara sem disparar. Isso é *Mushado*... um Caminho de *Kyudo* no *Zen*.

Kyudo em Chozen-Ji tem seguido um longo percurso em seu desenvolvimento. Há três pessoas importantes cuja *Kiai* tem influenciado e muito o rumo de *Kyudo* em Chozen-Ji. Este livro reflete a dedicação obstinada dessas três pessoas ao Caminho.

Omori Sogen Rotaishi e Tanouye Tenshin Rotaishi não estão diretamente envolvidos no treinamento efetivo de *Kyudo*; a influência deles, no entanto, é insuperável e impregna inteiramente o estilo do treinamento.

O livro de Omori Rotaishi, *Sanzen Nyumon*, é a fonte de toda filosofia *Zen*. Seus *Shodo* para *Kyudo Dojo* inspiram-se em profundas expressões a fim de orientar o "Caminho do arco" em Chozen-Ji.

Complementando *Kiai* de Omori Rotaishi, à semelhança do *Yin* e *Yang*, está a vibração de Tanouye Tenshin Rotaishi. Sua presença instila *Kiai* vigorosa e pungente que ressoa o timbre deste livro. Sua firme posição no ensino verdadeiro dos Caminhos marciais orienta a função de *Kyudo* no Caminho do *Zen*.

Osho Suhara Koun, sacerdote *Zen* de Dokuto-An, Engaku-Ji e Mestre de *Kyudo* de Dojo Enma, em Kamakura, Japão, é outra figura principal cuja influência reflete-se em *Kyudo* de Chozen-Ji. Sua sincera e sensível *Kiai* instila a beleza no Caminho das artes de execução. Sua profunda declaração, *"Yumi wa niji nari"*, o arco é o arco-íris, torna *Kyudo* forte e bonito. Seu conhecimento de *Kyudo* relacionado ao *Zen* proporciona uma compreensão mais fácil do Caminho através do uso do arco.

As pessoas que estão sendo treinadas e os instrutores assistentes de *Kyudo* em Chozen-Ji também têm inspirado a necessidade de perpetuar o Caminho. Suas aplicações ao valor intrínseco de *Kyudo*, e não aos benefícios extrínsecos, têm mostrado que isso tudo vale a pena.

Margaret Yamate, ex-editora de publicações, Universidade do Havaí, e amiga pessoal, ajudou a aliviar o encargo de novidade deste empreendimento literário. Sua sincera boa vontade e seu interesse em editar tornou esta publicação muito mais significativa na compreensão de *Kyudo* de Chozen-Ji.

O sr. James Akamine e o sr. Harry Kiyabu da Tipografia Fisher estimularam, generosa e desinteressadamente, o primeiro acabamento deste livro. Sua compreensão da nossa situação e sua disposição em apoiar este empreendimento, sem qualquer compensação imediata, foram louváveis.

O *Zen and the Art of Archery*, de Eugen Herrigel, foi uma inspiração. Trata-se do único livro sobre *Kyudo*, traduzido para o inglês*, que capta a filosofia verdadeira do "Caminho do arco". Seu valor para todos aqueles que aspiram a *Kyudo Zen* é insuperável.

E aos demais autores que introduziram *Kyudo* no mundo ocidental... *Gassho*.

ZEN (Chán, Dhyāna)

Embora os japoneses considerem o *Zen* uma religião, no sentido ocidental trata-se de uma filosofia. O *Zen* não é uma religião extática ou uma filosofia mística, apesar de as pessoas tenderem a transformá-lo nisso. Esse equívoco predomina quando as pessoas se relacionam com ele através de uma consciência intelectual em vez de experimentá-lo. O *Zen* é, simplesmente, uma abordagem filosófica em busca do eu mediante *treinamento e compreensão* espirituais do corpo. A força pessoal e a compreensão psicológica não constituem o objetivo verdadeiro do *Zen*, que é apenas uma disciplina psicofísica para transcender a vida e a morte (o dualismo).

É impossível fornecer uma definição do *Zen* através do uso de palavras. Há, porém, mais livros a respeito do *Zen* do que sobre outras religiões ou filosofias. O *Zen* não pode ser compreendido se não for experimentado. E, ainda que seja experimentado, duas pessoas não compreenderão a verdade exatamente do mesmo modo.

É mais fácil escrever sobre o que o *Zen* não é do que dizer o que ele é. O *Zen* não é uma simples disciplina ascética através da qual aprendemos uma forma de desapego e autodomínio. Ele nunca abandona o mundo dos fatos, estando, desse modo, em íntimo contato com a realidade, agarrando-a e vivendo-a. Por viver no centro das realidades, o *Zen* não se desvia da natureza e não entra em conflito com as inumeráveis mudanças do universo. O *Zen* não procura de nenhum modo utilizar a natureza com objetivos egoístas e, em respeito, vive sua própria vida na simplicidade, frugalidade, retidão e vigor.

O *Zen* nunca deixa de estar em contato com o corpo e a mente, e utiliza-os através da meditação e do *Shugyo* para alcançar um estado mental natural e absoluto, *Mushin*. Não nos submetemos a *Shugyo* para obter alguma coisa, mas para nos livrar dos apegos acumulados desde o nascimento e retornar ao eu original... à natureza de Buda, à iluminação. E à medida que relacionamos *Kyudo* a um Modo de vida, a flecha é o eu e o arco, a vida toda. Somos capazes de viver em harmonia com a natureza e suas realidades. Há apenas tranqüilidade e uma fusão harmoniosa com a vida. "Todo dia é um ótimo dia."

NIO ZEN E KYUDO

Kyudo em Chozen-Ji adere ao espírito de *Nio Zen*, tal como foi enfatizado por Shozan (Suzuki). *Nio Zen* é modelado segundo *Nio*, o guardião indomável do Budismo, de feroz semblante, e *Fudo*, o guardião inamovível. Ambos simbolizam a

---

* Há tradução portuguesa. Ver "A arte cavalheiresca do arqueiro Zen", Editora Pensamento, São Paulo. (N. do T.)

disciplina e *Kiai*. *Nio Zen* sustenta que uma mente intrépida é necessária para perpetuar o espírito e o vigor, e para evitar que nos tornemos escravos da paixão. Aquele que treina no *Zen* precisa preservar o eu rigorosamente no espírito de *Nio* para que nada possa interferir. Do mesmo modo que um verdadeiro guerreiro, deve-se encontrar o *Zen* no meio da batalha. A vida e o treinamento num *Dojo* são campos de batalha. Para sobreviver, é preciso manter uma mente vigorosa, compartilhando da vigilância e vitalidade de *Nio* e *Fudo*, bem como experimentar todo *Karma* nocivo e as paixões.

Kyudo e os outros Caminhos marciais não são perfeitos em cada um dos seus aspectos. Portanto, deve-se estar constantemente atento a todas as ciladas na arte e usar a disciplina e *Kiai* para superar as deficiências. É preciso treinar no espírito de *Nio Zen* e manter uma intensa *Kiai* através de uma mente intrépida.

TEXTO SUPLEMENTAR

KAN SEGUNDO KYUDO ZEN – *Desenvolvimento da percepção intuitiva através de Kyudo*

Os seres humanos tendem a viver sem "ver" porque o conceito visual tem como base apenas os sentidos ópticos. Uma pessoa cega "vê" mais porque a visão não é consumida pelos meios ópticos mas pelos sentidos interiores de *Shingan*, "olho da mente". A visão interior é uma experiência do coração ao passo que a visão exterior é meramente um encontro. Desde que a realidade é uma experiência, o ato de ver através do "olho da mente" apreende a realidade das coisas enquanto a visão óptica é apenas uma ilusão óptica. O ato de ver, tal como é entendido, assemelha-se a uma câmara. Ela capta apenas a imagem superficial de um objeto. O ato de ver com o coração assemelha-se a um artista que capta a essência de um objeto através da experiência, sentindo-o, tornando-se sensível a ele, percebendo-o e tornando-se um com ele. Essa é a percepção intuitiva, chamada de *Kan*. Trata-se de um estado mental que transcende o subjetivo e o objetivo, e se funde para tornar-se uno. Essa "unidade" possibilita-nos entrar em contato com a realidade e ver a vida tal como ela realmente é.

O treinamento de *Kyudo Zen* ensina-nos a ver interiormente através do "olho da mente" em vez de mirarmos a superfície. O alvo não é visto por meios externos e mecânicos mas, sim, através do controle de *Ki* (*energia espiritual*), que atua sobre a postura (*atitude*) da mente e do corpo para tornar-se um com o alvo. Esse método de treinamento corresponde, finalmente, à nossa perspectiva da vida e nos proporciona a capacidade de desenvolver uma percepção intuitiva do modo de viver. Isso significa ver realmente a vida. Portanto, somos capazes de enfrentar a realidade da vida que, em sua essência, é um mundo de tranqüilidade e de naturalidade.

TREINAMENTO DE KYUDO À LUZ VERDADEIRA DE BUDO

Kyudo, enquanto Caminho marcial, não é de todo perfeito. Portanto, o treinamento deve ser cuidadosamente prescrito e supervisionado.

Faltam a *Kyudo* alguns dos elementos essenciais que predominam em outros *Budo*, tais como o *Kendo* e o *Judo*. *Kyudo* é comparável às artes refinadas como, por exemplo, *Chado* (cerimônia do chá). Em sua sutileza, *Kyudo* pode tornar-se desorientador para um estagiário não-iniciado, que não experimentou a existência de *Kiai* silenciosa. Isso pode resultar em falta de vitalidade e de grandeza num iniciante. O treinamento de *Kyudo* precisa começar dando-se ênfase a *Kiai*. Do mesmo modo que uma afiada lâmina de espada, *Kyudo* não deve ser afiado com precisão desde o início. Uma lâmina afiada requer, no início, uma pedra áspera para estabelecer um gume correto e preciso antes de receber uma afiação capaz de tornar o gume afiado e cortante. Em *Kyudo*, *Kiai* forte e expandida deve ser instilada antes que o estagiário possa ser refinado.

A natureza de *Kyudo* requer um bom senso de dúvida, de vontade e de fé num treinamento sincero e verdadeiro a fim de gerar *Kiai* aguçada. *Kyudo* não pode ser praticado de modo indiferente, devendo ser treinado no contexto de *Shinken Shobu* (*confronto de vida e morte – combate sincero, fervoroso e verdadeiro*). Um ser humano verdadeiro tem a responsabilidade de viver a vida plenamente e *Kyudo* deve corresponder a esse espírito e ser praticado no contexto desta profunda máxima: "*Issha Zetsumei*", dar tudo de si mesmo a cada flecha como se ela fosse a última exalação em vida. Nesse estado de sincera dedicação, *Kiai* nunca deixará de ser vigorosa.

Outro obstáculo de *Kyudo* é a ausência de forças opostas ou de adversários no processo de treinamento. O aspecto individual de *Kyudo* pode, facilmente, induzir o estagiário não-iniciado no Caminho para o auto-engano. A ausência de uma força desafiadora impede-nos de manter um centro neutro onde possam ser tomadas decisões desinteressadas. *Ga* (*ego – idéia do "eu"*) pode facilmente incutir o auto-engano. Este perigo só será desfeito por *Dō*. O treinamento no Caminho torna-se imperativo. *Kyudo*, assim como os demais *Budo*, deve corresponder ao *Zazen* no treinamento e encarregar-se de estabelecer os elementos essenciais: *Hara* através da respiração correta, a concentração intensa através da atitude correta da mente e a compreensão do corpo através da postura correta.

CAMINHO MARCIAL (BUDO), A FORMA PARADOXAL DA ARTE

Budo é uma forma paradoxal da arte cujas qualidades intrínsecas não se manifestam nas formas e técnicas exteriores e físicas. Sem uma compreensão do princípio básico de cada Caminho Marcial, é impossível praticá-los à luz da verdade.

As formas e técnicas físicas no *Karate* estimulam, incessantemente, a consciência de luta, que é a característica de uma pessoa impaciente. Um verdadeiro mestre de *Karate* é aquele que transcende toda consciência de luta, desenvolvendo uma paciência inflexível para suportar o insuportável. Em *Kyudo*, a utilização de um equipamento de arqueiro revela formas e técnicas em todos os aspectos do disparo. Mas um verdadeiro *Kyudoka* é aquele que transcende a consciência do disparo permitindo que "ele" dispare, disparando, assim, sem disparar. Em *Judo*, a prática exibe pessoas duras e rígidas que parecem fazer parte de uma tourada. Contudo, o verdadeiro *Judoka* é uma pessoa que compreende o princípio de *Ju* (submisso) e de *Yawara* (macio). Em *Kendo*, nunca se pode esquecer que devemos cortar e golpear, como se fôssemos um matador; um verdadeiro mestre de *Kendo*, porém, compreende *Ainuke* (*retirada mútua, compaixão, compreensão*).

Atualmente, a má situação de *Budo* é fruto da falta de professores competentes que compreendam o princípio básico de cada forma da arte *Dō*. Por conseguinte, produzem-se mais animais do que seres humanos. É melhor desconhecer de todo *Budo* do que aprender o caminho errado. Em seu treinamento, *Budo* deve corresponder ao Caminho, pois, de outro modo, nos tornamos apenas um mestre da arte e não o mestre de nós mesmos. Não se pode treinar em *Budo* se o aspecto espiritual da arte não for compreendido.

A CRUZ PERFEITA

A cruz é um símbolo do equilíbrio e da unidade perfeitos. Em *Kyudo*, a cruz, mencionada no estágio de *Kai* (*encontro*), é a simetria visual da postura bem como o encontro e a harmonia de todos os elementos essenciais para realizar uma experiência espiritual bem-sucedida. A força vertical (*espinha ereta*) na simetria do corpo é criada pela ação contrária da ampla exalação dirigida para baixo, para *Tanden*, e pela concentração de *Ki* na nuca, ao estender-se para cima. A força horizontal é criada pela harmonia total (*Tsuriai*) entre os braços, durante o retesamento, a expansão do tórax e a postura básica apropriada. A harmonia entre as forças vertical e horizontal estabelece a cruz tripla nos ombros, nos quadris e na base. A unidade entre os elementos encontra-se nas cinco (5) cruzes – *Tenouchi* adequado à empunhadura do arco; o alinhamento adequado da flecha em relação ao arco; *Torikake* adequado à corda do arco; a simetria no alinhamento dos cotovelos e dos ombros com o eixo vertical do corpo; a flecha horizontal. Quando todas essas cruzes estão adequadamente estabelecidas, dizemos que o indivíduo encontra-se no centro da cruz perfeita e tornou-se, espiritualmente, um com o arco, a flecha e o alvo. Ele está em harmonia com o Universo. Contudo, sem a postura (*atitude*) apropriada da mente e o processo respiratório adequado, atuando em harmonia com a postura do corpo, não se pode acionar ou produzir essa unidade.

KATA (Formas prescritas nos Caminhos marciais)

Kata, nos Caminhos marciais, não são meramente as formas visual e física mas, sim, as formas disciplinadas, criadas para corrigir os maus hábitos (*kuse*). *Kata* deriva da palavra sânscrita *Rupa*, que significa a forma disciplinada utilizada para quebrar e liquidar os maus hábitos acumulados desde o nascimento e retornar ao eu natural e original. Em *Kyudo*, você deve adotar, diligentemente, as formas prescritas até que o princípio natural assuma a direção. *Kiai* vigorosa, no espírito de *Nio*, e a sabedoria inabalável, no espírito de *Fudo*, tornam-se imperativos em seu treinamento.

PROCEDIMENTO ALTERNATIVO

* Quando um outro grupo estiver aguardando em fila na área de aproximação, os dois primeiros participantes recuam (*Fig. 24b*) e avançam após o segundo disparo. A terceira pessoa recua e afasta-se de costas. O grupo que está aguardando deve começar a se mover quando soar o "zumbido" do arco da última pessoa ao disparar. Nesse momento, o grupo faz a reverência e levanta-se, todos ao mesmo tempo. Quando a última pessoa inicia o movimento de recuar um passo, o grupo avança, ao mesmo tempo, até Sha-i.

Fotos: Agradecemos a Rory Merry, Charlene Hosokawa, Dean Sensui e Gary Omori.

A ARTE CAVALHEIRESCA DO ARQUEIRO ZEN

Eugen Herrigel

"Sentei-me numa almofada, diante do mestre que, em silêncio, me ofereceu chá. Permanecemos assim durante longos momentos. O único ruído que se ouvia era o do vapor da água fervendo na chaleira. Por fim, o mestre se levantou e fez sinal para que eu o acompanhasse. O local dos exercícios estava feericamente iluminado. O mestre me pediu para fixar uma haste de incenso, longa e delgada como uma agulha de tricotar, na areia diante do alvo. Porém, o local onde ele se encontrava não estava iluminado pelas lâmpadas elétricas, mas pela pálida incandescência da vela delgada, que lhe mostrava apenas os contornos. O mestre *dançou* a cerimônia. Sua primeira flecha partiu da intensa claridade em direção da noite profunda. Pelo ruído do impacto, percebi que atingira o alvo, o que também ocorreu com o segundo tiro. Quando acendi a lâmpada que iluminava o alvo constatei, estupefacto, que não só a primeira flecha acertara o centro do alvo, como a segunda também o havia atingido, tão rente à primeira, que lhe cortara um pedaço, no sentido do comprimento."

Trazendo o fantástico para o nível do real, esta é uma página deste livro surpreendente, no qual o filósofo alemão Eugen Herrigel conta a sua extraordinária experiência como discípulo de um mestre Zen, com quem aprendeu a arte de atirar com arco, durante os anos em que viveu no Japão como professor da Universidade de Tohoku.

Sem dúvida — como afirma na introdução o professor D. T. Suzuki — um livro maravilhoso que, graças à limpidez de seu estilo, ajudará o leitor do Ocidente a "penetrar na essência dessa experiência oriental, até agora tão pouco acessível aos ocidentais".

EDITORA PENSAMENTO

O ARQUEIRO ZEN
E A ARTE DE VIVER

Kenneth Kushner

Enquanto ainda estava no colégio, Kenneth Kushner, autor de *O arqueiro zen e a arte de viver*, leu um livro sobre um professor de filosofia alemão que havia estudado a arte do arqueiro durante o tempo em que residiu no Japão. Como na época não gostasse desse tipo de literatura, ele classificou a filosofia zen como um "vago misticismo" e não pensou mais na *Arte cavalheiresca do arqueiro zen*, de Eugen Herrigel, o livro em questão. Nove anos depois, ele estava rolando pedras numa colina do Havaí e arrancando ervas daninhas como parte de sua busca no estudo do kiudô, o mesmo "caminho do arqueiro" descrito na obra de Herrigel.

Entremeando a teoria com relatos pessoais do seu próprio treinamento, o autor analisa neste livro o relacionamento entre o kiudô e o Zen. Um caminho ou arte zen não se aprende unicamente para obter perfeição em determinada atividade. A meta do kiudô é interior. Se alguém estiver com a disposição de espírito apropriada ao arremessar a flecha, não importa se ela não alcança o alvo pois, "mesmo que o não atinja, não deixa de acertá-lo". Para o aluno treinar o kiudô como um verdadeiro caminho, terá de se esforçar para manter esse mesmo estado mental durante o tempo todo. Então o kiudô torna-se um microcrosmo de vida, e o arco um meio eficaz de encontrar a própria personalidade.

* * *

O autor, Kenneth Kushner, nasceu em Chicago, graduou-se em humanidades pela Universidade de Wisconsin, em Madison, U.S.A., e obteve o seu PhD em Psicologia Clínica pela Universidade de Michigan. Iniciou-se no Zen sob a orientação de Tanoye Tenshin Roshi, e viajou para o Havaí e o Japão com o propósito de estudar o kiudô. Atualmente, leciona na Universidade de Wisconsin, onde reside. Integra ainda o corpo docente do Instituto de Estudos Zen de Honolulu.

EDITORA PENSAMENTO

HARA — O Centro Vital do Homem
Karlfried Graf Dürckheim

Nas discussões atuais sobre o corpo e a alma surge uma nova voz que deve ser ouvida por todos os que se dedicam à análise dos problemas da humanidade com vista à sua evolução: Karlfried Dürckheim, com seu livro *Hara — O Centro vital do Homem*.

O conceito de Dürckheim sobre o ser humano transcende a distinção entre corpo e alma no contexto de um "indivíduo" destinado a manifestar o Ser divino na vida material e que pode ser ajudado a cumprir esse destino com exercícios mais avançados do que os que costumam ser propostos pela medicina e pela psicologia tradicionais.

Em japonês, *Hara* não significa apenas "barriga" no sentido anatômico do termo, mas contém um significado existencial. Só quem consegue concentrar a gravidade no centro do corpo físico e preservá-la aí tem a chance de amadurecer; e, como pessoa madura, esse ser humano pode transcender o eterno "morrer e renascer" implícito nas leis básicas da vida. Hara não significa "algo físico", nem tampouco "algo espiritual". Hara *é* o ser humano centrado na unidade original. Quem tem Hara demonstra-o com o aumento de sua força vital e com sua maior capacidade de suportar o sofrimento.

Ao mesmo tempo, o Hara serve de elo de ligação entre o Eu sobrenatural, ou divino, e o Eu comum do homem, entre a "experiência religiosa" da unidade original e sua manifestação real no mundo. O conhecimento do Hara é uma das pérolas da sabedoria oriental, mas seu significado humano tem alcance universal.

Karlfried Dürckheim, catedrático de Psicologia e Filosofia na Universidade de Kiel, Alemanha, dedica a segunda parte do seu livro a exercícios práticos para a obtenção do Hara. A introdução de exercícios como parte da grande terapia existencial é uma novidade e atende amplamente às necessidades manifestadas pelo homem moderno.

EDITORA PENSAMENTO

O CAMINHO ZEN

Eugen Herrigel

Em seu magistério, Eugen Herrigel tratou do ponto de vista histórico e temático de todo o panorama da filosofia européia. Contudo, ainda durante sua atividade como professor, o ponto essencial de seu interesse como filósofo era a Mística.

Em seu livro *A arte cavalheiresca do arqueiro zen,* publicado pela Pensamento, Herrigel relata que, como estudante, já se ocupava da Mística movido por um impulso secreto, apesar de, naquela época, haver pouco ou nenhum interesse pelo assunto.

O convite que lhe foi feito, logo após seu ingresso no magistério, na Universidade de Heidelberg, para ocupar o posto de professor na Imperial Universidade de Tohoku, no Japão, e a conseqüente oportunidade de conviver com os japoneses, despertou nele o interesse pelo caráter do Extremo Oriente e pela sua atitude perante a vida, motivando, posteriormente, seu ingresso no círculo encantado do Zen-budismo.

O caminho zen reúne fragmentos por ele elaborados sobre a mística zen e constitui fonte inestimável de informação, ainda não ultrapassada ou substituída pelo aparecimento de numerosas outras publicações.

O que um autor japonês escreveu nas notas à primeira edição deste livro vem sendo repetidamente confirmado desde os anos 30: "Herrigel foi o único não-japonês a compreender o gênio do Zen e a sentir um sopro do seu verdadeiro espírito."

EDITORA PENSAMENTO

TAI-CHI CHUAN —
Arte Marcial, Técnica da Longa Vida

Catherine Despeux

O Tai-chi Chuan — ou Taiji quan — classificado pelos chineses entre as artes marciais, tinha na antigüidade chinesa um significado mais amplo que o atual e indicava igualmente a força de uma pessoa, sua bravura e habilidade.

A partir do século XX, porém, foi mudando de natureza e passou a ser cultivado, tanto na China como no Ocidente, com dois objetivos principais: como disciplina psicossomática e como arte marcial, embora sob este último aspecto seja menos conhecido no Ocidente.

Definido modernamente como "a arte da meditação em movimento", os movimentos flexíveis e lentos do Tai-chi Chuan promovem a harmonização das energias Yin e Yang através da coordenação entre consciência e respiração, libera as tensões corporais, e seu efeito terapêutico se faz sentir tanto sobre a saúde física como sobre a saúde mental.

Além disso, por utilizar e desenvolver a energia interior, essa antiga arte marcial se aparenta com as técnicas taoístas de longevidade, razão pela qual também é chamada de "a arte da longa vida".

EDITORA PENSAMENTO

Outras obras de interesse:

O ARQUEIRO ZEN E A ARTE DE VIVER
Kenneth Kushner

A ARTE CAVALHEIRESCA DO ARQUEIRO ZEN
Eugen Herrigel

O CAMINHO ZEN
Eugen Herrigel

O ZEN NA ARTE DE CONDUZIR A ESPADA
Reinhard Kammer

ZEN E A EXPERIÊNCIA MÍSTICA
Alan W. Watts

O ESPÍRITO DO ZEN
Alan W. Watts

ZEN E AS AVES DE RAPINA
Thomas Merton

O ZEN NA ARTE DA PINTURA
Helmut Brinker

ZEN-BUDISMO E PSICANÁLISE
Fromm, Suzuki e De Martino

A DOUTRINA ZEN DA NÃO-MENTE
D.T. Suzuki

INTRODUÇÃO AO ZEN-BUDISMO
D.T. Suzuki

TEXTOS BUDISTAS E ZEN-BUDISTAS
Ricardo M. Gonçalves

ZEN-SHIATSU – COMO HARMONIZAR O YIN/YANG PARA UMA SAÚDE MELHOR
Shizuto Masunaga e Wataru Ohashi

O ZEN NA ARTE DA CERIMÔNIA DO CHÁ
Horst Hammitzsch

REFLEXOLOGIA
Kevin e Barbara Kunz

Peça catálogo gratuito à
EDITORA PENSAMENTO
Rua Dr. Mário Vicente, 374 – Fone: 272-1399
04270 – São Paulo, SP